定制消费

文博 ◎ 著

中国商业出版社

图书在版编目（CIP）数据

定制消费 / 文博著. -- 北京：中国商业出版社, 2020.1
　　ISBN 978-7-5208-1080-7

Ⅰ. ①定… Ⅱ. ①文… Ⅲ. ①消费模式－研究 Ⅳ. ①F014.5

中国版本图书馆 CIP 数据核字(2019)第 289860 号

责任编辑：杜　辉

中国商业出版社出版发行
010-63180647　www.c-cbook.com
（100053　北京广安门内报国寺 1 号）
新华书店经销
三河市长城印刷有限公司印刷
＊
710 毫米×1000 毫米　16 开　15 印张　195 千字
2020 年 1 月第 1 版　2020 年 1 月第 1 次印刷
定价：58.00 元
＊＊＊＊
（如有印装质量问题可更换）

前言：消费需求升级，量身定制会是一门好生意

不知从何时起，"双十一""双十二"就成了消费的代名词，而在这些购物狂欢节中，我们不难发现用户的消费偏好发生了众多改变，从以往的大众产品转移到了小众产品，定制消费展现出前所未有的魅力。定制消费是当今社会消费水平、消费规模发展到一定阶段的产物，是市场经济发达国家的必经阶段。

随着生活水平的提高以及对事物认知水平的提高，人们的消费行为更加成熟，消费需求也更加多元化。消费者在购买产品时考虑的不仅仅是满足生活需求，还要考虑产品的个性化特征，希望能通过产品的独一无二性来体现自身的价值与品位。80后、90后、00后显然是定制消费的主力军，他们传承了60后、70后在社会经济中的作用和地位之后，定制消费市场的发展就更加迅猛。

通常来说，定制消费只是温饱满足后的有钱有闲阶层的一种消费形式，但现在的定制消费却不是这种狭隘的定义。当消费步入定制时代后，它不仅是一种特定阶层消费的现象，更是一种文化现象。随着大众文化的支离破碎，其

他平行文化开始取而代之。社会精英们的身份从以往的经典文化的追随者,变成了亚文化的部落人。就像是汽车这种大众文化,在过去只依靠汽车品牌本身影响力以及合适的娱乐明星代言人就能够在汽车市场引起风潮,但现在,人们对于汽车的认可早已发生了改变——他们对汽车的认可源于自身。所以,这些人组成了宝马圈、大众圈、SUV圈、越野圈——大众汽车文化被分裂成一个个小碎片,最终又由这些小碎片形成了一个纯粹而理想的汽车文化模型:用户根据自己的认知、爱好、需求,亲自选择车型、节油设备、安全装置、音响、空调设备……从而定制出一套组合方案交给企业,让企业为自己打造一辆充分满足自己个性化需要的汽车。

这正符合了《第三次浪潮》里的一句话"不会再有大规模生产,不会再有大众消费,不会再有大众娱乐,取而代之的将是具体到每个人的个性化生产、创造和消费。"代表个性的小众在苏醒,个性需求正在逐步替代大众需求,定制生产逐步替代标准生产。

而科技的发展促进了定制消费市场的飞速发展。用户的个性需求能被精确地汇总并及时反馈给企业,企业也能充分掌握并满足用户的个性需求,同时在新科技的帮助下,摆脱以往定制产品成本高、生产工艺繁复、只能小批量生产的桎梏,也与传统生产模式一样能从规模经济中获利。

不少眼光敏锐的企业早早就看到了这股新消费生意浪潮,开始布局定制消费市场。如NIKE的"NIKEid"定制服务、M&M的定制巧克力豆、乐高的"马赛克积木"、丝芙兰的专属瓶身和礼盒、海尔的定制冰箱、宜家的定制家具、茅台的定制酒……当越来越多的企业开始求新求变时,当我们谈论"定制消费"时代早就到来的时候,我们到底在说些什么?又在做些什么?如何行动才能和这些大牌企业一样做好定制服务？

　　本书正是为了解决读者的这些问题而存在的！模式嬗变、人工智能、私人专享、瞄准用户、深度参与、创新设计、传播分享、产品提交、实战案例……这些本书的关键词，毋庸置疑，都是告诉读者如何从定制消费市场获利的关键点。

目 录

第一章 定制消费：用户主权时代的商业模式创新

一、定制消费，从满足个性需求中掘金 / 2

二、从心理学角度了解定制消费 / 4

三、定制消费催生产销模式新变革 / 8

四、定制消费开启互联网消费金融想象空间 / 12

五、借力电商 C2B2C 模式，开启定制消费新时代 / 17

第二章 模式嬗变：定制消费模式颠覆传统消费模式

一、模式：聚合、模块、深度 / 22

二、特点：只围绕需求做产品 / 26

三、高频：高忠诚度产生高消费频率 / 30

四、突破：降低成本，私人定制不是高端定制 / 34

五、库存：没有大量产品积压 / 38

六、渠道：没有中间商赚差价，利润最大化 / 42

第三章 人工智能：新科技让定制消费从复杂变简单

一、云计算帮助定制企业快速响应用户需求 / 48

二、大数据分析，让定制消费更精准高效 / 51

三、3D 打印，加速定制消费行业发展 / 55

四、AI，让企业比用户更了解用户 / 59

五、AR 增强现实感，快速制造定制产品 / 63

第四章 私人专享：极致的体验是定制消费成功的前提

一、只有实现与用户的交互，才能把个性化体验做好 / 68

二、全面打通用户接触点，在各维度上优化个性体验 / 71

三、用持续的创新迭代创造持续的好体验 / 75

四、在标准化下进行的个性化定制更有品质 / 79

五、小心雷区，别让个性定制变为糟糕定制 / 82

第五章 瞄准用户：深挖目标用户的隐性需求

一、挖掘需求：要先了解什么是用户需求 / 86

二、找对目标：谁在为你的定制而消费 / 90

三、需求采集：找到大量的用户需求数据 / 94

四、深入分析：结果准不准就看方法对不对 / 101

五、筛选真伪：你知道吗？用户也会撒谎 / 107

第六章 深度参与：让用户全程跟随定制活动

一、只有让用户参与，定制产品才能做得更好 / 112

二、深度执行小米参与感的"三三法则" / 116

三、制造让用户身临其境的场景 / 120

四、留白给用户留下无限想象空间 / 124

五、营造稀缺感，让用户感觉定制很难得 / 127

六、激励越大，用户参与定制的兴趣越大 / 130

第七章　创新设计：定制产品不只要实用还要有颜值

一、高颜值的定制产品都是"断舍离" / 136

二、不要大花袄，产品只要品牌色 / 140

三、好材料，是决定产品颜值的先天基因 / 144

四、赋予独特理念，让产品因"文化"而漂亮 / 148

五、模仿复制的产品，都是"丑八怪" / 153

第八章　传播分享：让定制从小众走向大众

一、企业也要给自己的产品定制一个名称 / 158

二、开一个发布会，让全世界都知道"你的定制" / 163

三、找一个"顶级KOL"做宣传 / 169

四、为你的"定制"讲一个好故事 / 173

五、用户口碑是小众定制变大众定制的利器 / 177

第九章　产品提交：只有好的服务流程，才有大的定制经济

一、定制服务的前提是组织定制团队 / 184

二、与用户充分沟通，明确需求 / 189

三、提供定制产品方案，给用户最好的选择 / 194

四、管控定制全流程，并实现用户可视化 / 198

五、监督跟踪，保证定制产品售后无忧 / 202

第十章　实战案例：看定制消费在各行各业的应用

一、汽车：长安，为用户提供专属座驾 / 208

二、家电：格兰仕，走在个性定制的前沿 / 211

三、服装：MatchU 码尚，新科技带来的新穿衣体验 / 214

四、家居：宜家，定制你的生活方式 / 217

五、鞋业：阿迪达斯，不穿寻常鞋 / 220

六、白酒：茅台，喝一杯属于你自己的酒 / 223

第一章

定制消费：用户主权时代的商业模式创新

当前，不可否认的现状正在蔓延，用户比以往任何时候都愿意出资让自己过得更舒服，但要求是有个性，而不是大同；要有专属，而不是人人都有。难怪有的品牌感慨："想要说服这一代的用户打开钱包，比过去要难很多。"但有的品牌也反对："说服这一代的用户打开钱包并不难，只要你抓住定制消费这个趋势。"事实上，后者说得非常正确。随着消费的升级，以及消费人群的更迭，定制产品理所当然地被更年轻的用户所热爱，定制产品也会随着时代的发展从个性选择进化为广受追捧的消费主流。

定制消费

一、定制消费，从满足个性需求中掘金

早在 1970 年，美国未来学家 Alvin ToHler 就在其著作的 *Future Shock* 中预言："未来社会要为消费者提供的并不是有限的、标准化的产品，而是多样化的、非标准化、个性化的商品和服务。"从 21 世纪以来，这一预言已渐渐得到证实。不管是奢侈品、家电、服装还是生活用品行业店铺都推出了定制产品，定制消费行业发展日渐旺盛。到了 2019 年，定制消费行业更是全面爆发，各行各业都在往定制消费行业转型。比如家居，它可以说是定制消费的典型代表行业，且单单是一个家具定制市场，就蕴藏着无限的发展潜力。

定制家具与传统家具相比，有着高空间利用率、设计个性化、安装便捷等优势。而随着房价的不断攀升，消费者对房屋空间的利用率要求越来越高，同时随着人们生活水平的提高，审美观点及消费的升级，消费者对家具的个性化需求与日俱增。

根据中投顾问发布的《2017—2021 年中国定制家具行业深度调研及投资前景预测报告》显示：消费者对家具的自主设计意识日益提高，同时在我国的人均面积 36 平方米及一二线城市高房价的环境下，消费者更希望定制家具在兼顾实用及空间利用率的同时，还能满足其个性需求。因此，这使得定制家具的理念越加普及。

当下，我国定制家具市场发展较快，占家具行业份额为20%。2016年我国市场规模为700亿元，按照1倍加价率计算，行业出厂价规模在350亿元左右。预计在未来5年内维持20%的增速，2020年的规模将达到1666亿元，考虑到农村市场需求，行业空间可能达到2000亿元的规模，出口价口径达到1000亿元规模左右。

一个家具市场的定制消费规模就能如此庞大，那么其他行业呢？这是一个很难计算的庞大数字。但同时这也表示了，定制消费是一个具有高天花板、发展潜力巨大的行业。

既然定制消费市场潜力大，企业又如何从中掘金呢？这就不得不从消费者的个性化需求入手。

1. 新科技推动定制消费发展

近年来，新科技在定制行业的应用不断增加，比如大数据，大数据分析在精准营销及决策中的作用越加明显，Forrester调查显示："44%的B2B市场营销人员正在使用大数据提高用户的回应率，36%的营销人员运用数据分析及数据挖掘，获取更深层次的用户信息，从而策划出更多的关系驱动的市场策划。"如此，企业的定制化能力就得到了提升。除了大数据之外，云计算、3D打印、AI、AR等新兴技术都对定制消费起到了极大的推动作用。

2. 互联网平台助力企业提供个性化产品

在传统大规模的生产模式下，企业和用户之间的信息交互是中断的，企业生产组织也缺乏柔性，依靠规模经济生产是企业的主流模式。但是随着互联网平台的发展，企业与用户之间的关系更加紧密，沟通更加深入，在互联网平台上，企业就可以广泛征集用户需求，利用大数据分析建立起生产模型，再依托柔性生产线，在保持规模经济型的前提之下，还能为用户提供个性化的产品。

二、从心理学角度了解定制消费

定制企业如何从心理学角度了解定制消费？我们应该从心理学的一个重要分支，消费心理学去进行更为细致的分析。消费心理学是一门新兴学科，它的目的是研究人们在生活消费过程中，在日常购买行为中的心理活动规律及个性心理特征。研究消费心理，对于企业做好定制业业务具有巨大的帮助。为什么人们对定制产品或服务越来越感兴趣？这不仅仅是因为产品本身，同时也是用户个性心理的体现。所以，千万不要轻视这一方面的内容。

家具行业的全屋定制模式显然就是为了满足用户的心理需求而产生的，全屋定制是在大规模定制的基础上，以用户为核心，为用户提供家装一站式服务。

在互联网、大数据、物联网、工业4.0、智能制造等技术之下，针对用户个性需求展开柔性生产，为每个用户提供个性化、定制化产品及服务。根据大数据分析，全屋定制的消费群体主要是80后、90后，目前全屋定制模式下的消费心理主要有以下特征：

第一，喜欢个性。80后、90后的自我意识非常强，因此在学习、生活、工作等过程中更注重自身感受、自我得失，喜欢个性化、新颖性的消费体验，青睐与众不同的产品和服务。从改革开放初期到经济飞速发展的今天，用户的消费心理实现了从"从众消费"到"个性消费"的转变。

第二，趋向定制。在我国，家具是一个有着悠久历史及灿烂文化的产业，在农业时代，家具用户们一直享受的都是手工定制服务；在工业生产时代，标准化成品家具充分满足了大量用户的需求，家具产业也因此得到高速发展；但随着经济水平、科技水平的提高，智能时代的用户又重新追求定制化家具。全屋定制之所以能迅速发展，就是因为这种模式下用户可以享受按需定制的体验。

第三，追求安全。在马斯洛需求层次理论中，安全的需要是人们的生理需要得到满足后首要的追求，如今的用户在生理需要上已经得到了极大的满足，因此自然会追求安全的需要。以往的用户是只要有房子住，有家具使用即可，但现在的用户则注重家居环境的好坏，是否足够环保和绿色。全屋定制模式可以让用户选择家具产品，以此来避免在信息不对称的情况下产生家居安全隐患。

第四，要求便捷。如今是经济大发达时代，同时也是快节奏生活时代，人们没有那么多的精力与时间耗费在家装上，且家装本身就要考虑许多问题。而全屋定制就是满足用户这一心理要求而生的。大多数全屋定制的企业都拥有不同楼盘、不同户型的装修方案，用户通过互联网平台，在设计师的帮助下，就能快速便捷地实现自身的家装需求。全屋定制所提供的服务，正好符合当下用户的便捷、高效、一站式消费的心理。

从以下分析可以看出家居行业全屋定制模式的盛行，与成功应用消费心理学是分不开的。所以，定制企业如果要想做好定制业务，也要充分研究目标用户的心理特征，一般情况下，只要满足用户以下四种心理，定制业务就成功

了一半。

1. 满足了用户自由心理

定制的实质其实就是让用户可以按照自己喜欢的方式来展示自我，可是标准化、规模化模式生产下的产品，用户总会觉得有很多缺憾，这个产品的这个功能体验不好，那个功能不是我要的，我要的功能怎么没有……。在面对诸多问题时，用户就会产生"如果能按照自己喜欢的方式来设计和开发产品就好了，我喜欢什么样的就设计什么样"的想法，定制正是满足了用户这种随心所欲的心理。用户越来越希望能够实现自己想法的个性化的产品，电脑、家居用品、生活用户就是这种心理需求被实现的代表。比如，用户为了体现自己的个性，喜欢自己定制手机壳，而不是一直使用企业提供的透明手机壳。虽然这是一个非常小的行为，但是对于用户而言，这正是自己可以随心所欲的表现。

2. 满足了用户求异的心理

对于个性化需求越来越旺盛的用户来说，求异是其需求中最明显的一个特征，就像是参加宴会时遇到撞衫一样，"趋同"会让他们非常的"尴尬"。所以，它们总是通过"求异"来避免这种尴尬。越个性化的产品，越能满足他们的求异心理。因此，享受专属的服务，按需定制具有个性化的产品就成为了这种求异心理的实现方式。就像是家装，家庭装修是最能体现一个人的风格和品味的，但是在传统生产模式下，大多数人的家装风格都相差不多，要么欧美风、要么中国风、要么现代轻简风，完全体现不出个人的风格。而对于个性化需求旺盛的用户来说，这种"趋同"显然是难以接受的。而全屋定制的模式能有效帮助用户解决这个问题，充分满足其求异的心理。

3. 满足了用户稀缺的心理

在奢侈品行业，为了防止奢侈品被贬值，许多企业通过定制、限量、非销售版等手段来保证产品的价值。对于用户而言，稀有的数量、独特的设计与非凡的纪念意义能充分满足他们稀缺的心理。这种由稀缺心理产生的独特和优越感远远超过了产品本身的价值。因此，定制版、限量版的产品才会让用户无法拒绝，甚至痴迷。定制版和限量版产品的核心价值就在于它所能提供的独占性、唯一性、独特性以及对自己拥有这样产品的口口传颂的价值。企业只要抓住了稀缺心理，就能让"定制"成为一种消费特权。比如许多企业在销售定制版产品时，还需要用户排队预订或是只卖给VIP会员用户，这些门槛在无形中就会让用户产生自己拥有的产品是独特的，从而提升用户对定制产品的情感价值。

4. 满足了用户优越心理

在一定程度上，定制消费其实就是地位消费。用户的需求动机一般可以分为两类（见图1-1）。其中，功能性需求是由攀比、虚荣、凡勃伦效应引发的，从而发展出了凡勃伦"社会地位决定论"。人们为了满足这种心理需求，就会通过各种方式来显示自己的财富、身份、成就或者能力，体现自己的地位。显然，定制消费就是他们展现其地位，满足其心理的最直接手段之一。

图1-1 用户需求动机的两个分类

实质上，不仅全屋定制模式是在消费心理需求上产生的，任何一种商业模式都是，只要掌握了用户的消费心理，就能成功打造出一个新的商业模式。

三、定制消费催生产销模式新变革

越来越明显的定制消费趋势预示着个性化消费时代的到来,这既是一种新的消费现象,也体现了经济背景的变化,它将引发传统产销模式的重大变革。传统的产销模式是大批量进行生产,然后把相同的产品卖给不同的消费者,而定制消费时代则是要求企业针对不同消费者的个性需求生产出不同的产品。定制消费满足了消费者的个性化需求,有效避免了传统产销模式的盲目生产造成的库存压力的问题。这场变革向企业昭示了这样一种理念:"以用户为中心,用户需要什么,我就提供什么。"

定制生产的模式已逐渐应用在各大企业,比如汽车市场,国际汽车分析家认为,今后市场上畅销的产品将不再以品牌、车型、价格或是排量进行区分,而是通过功能来区别,用户通过自己需要的功能来定制汽车产品。

上汽集团就是汽车定制模式变革的先行者之一。集团与南京市合作,在南京投入大笔资金,历时20个月建立了智能化生产工厂,专门为消费者提供定制汽车服务。为此,上汽集团还专门研发了"我行智行"APP。

其定制生产过程大致如下:

第一步,用户先通过软件,就可以对超过150项的车辆配置进行选择和组合。下单前,南京工厂就会提前通过智能排产的数字系统进行生产计划编排,有效缩短定制汽车的生产时间。

第二,当消费者通过"蜘蛛智选"下单后,集数字化、物联化、智能化、柔性化于一身的冲压车间、车身车间、涂装车间、总装车间就会展开协作,再在国内领先的Gudel双臂高速冲压线、智能配料车(SPS)、FANUC内加电弹夹式喷涂机器人、快速换色系统等设备和技术的帮助下,实现智能高效的制造、拣配和组装。

第三,南京工厂全过程运用质量过程数据管理及高性能监测系统,为定制汽车的品质提供保障。

为了完成定制生产模式的变革,上汽大通南京软件智能中心计划用2—3年的时间投入2亿元建设一支千人规模的软件研发团队。该中心将立足汽车电子核心软件研发与AI人工智能研发,实现新能源控制器、智能驾驶、智能网联、智能座舱、车身电子、C2B定制软件平台、智能化制造信息技术方案等系列化产品开发。

实质上,不管是哪个行业,定制化生产和订单式销售必将成为主流生产模式。这种生产模式的变革不管是对企业还是对消费者都是一次选择,消费者青睐其便捷与专业,而企业则得到市场重新洗牌的机会,落后者不仅可能通过定制生产模式成为领先企业,同时还能树立企业独特的风格。

1. 传统产销模式与定制生产模式的差异

传统产销模式与定制生产模式的差异主要表现在以下几点:

第一,生产形态差异。产销:稳定、标准化生产,以量取胜;定制:按需生产,弹性变换,以质取胜。

第二,生产目的差异。产销:以经济规模大量生产产品,压低价格,让

每位消费者都能够拥有相同的产品和服务；定制：以差异化、个人化产品为主，让每位消费者都能得到自己想要的产品，且可以根据自己的经济能力负担不同的产品或服务。

第三，生产特征的差异。产销：低成本、标准化、质量稳定、市场同质化、市场需求稳定、作业效率优先、大批量低弹性生产、管理费用高、库存成本高、创新与生产分离；定制：个性化、异质市场与用户分类、需求变动、整体生产效率优先、小批量、高弹性生产、管理费用低、库存成本低、创新与生产相融合、聆听用户需求并快速回应。

2. 生产模式变革对企业的要求

企业如何想从传统产销模式转为定制生产模式，首先要达到以下的条件：

第一，是否有适合定制生产的新品开发方式。有些产品并不适合定制，或者说如果实行定制，要么成本太高消费者负担不起，要么生产慢，无法大规模展开，企业无法获利。所以，在转换前先要考虑企业的产品是否适合定制。如果不适合，就要打造一个适合定制的新产品开发方式。一般来说，适合定制的新品开发方式，是要把产品和工艺过程分开，并形成以下优势：

（1）因用户需求变快，使定制产品寿命周期变短，但是独立于产品的工艺过程可重复使用；

（2）围绕工艺过程的产品设计，可提高使用效率；

（3）产品品类增加，但是大多数产品工艺过程相同，从而带来生产效率；

（4）围绕工艺过程的设计可增加产品模块化研究，让用户在模块化的基础上"按需定制"，从而达到降低生产成本、提高生产效率的目的，比如海尔的模块化定制模式。

第二，是否具备精准收集及快速响应用户需求的互联网平台。如今是互联网的天下,用户在购买产品的过程中也大多数是通过互联网。所以企业要建设一个基于互联网的用户接待平台,方便与用户沟通。比如,前台能通过系统把用户需求分配给相关部门并跟踪服务回应,然后相关部门再把相关数据传送给前台,用户可以通过网络使用数据系统查询自己的交易数据,这些都需要通过互联网来完成。如果没有,企业的响应速度会非常慢,而用户是不可能有耐心等待的。

  从产销模式转化到定制生产模式已经是现代企业的必经之路,产销模式确实可以通过生产规模和标准化产品在成本上取得竞争优势,但是,现代的消费者对产品的关注不仅在于低成本高质量,还包括具备创意、符合个人特点以及需求,而传统的产销模式已经无法满足用户需求的变化,所以转型已然是必须。

四、定制消费开启互联网消费金融想象空间

随着人们生活水平的不断提高,"我的消费我做主"的理念已经深入人心,不同的社会阶层、文化背景、民族、性别年龄的消费者,都在根据自己的内心感受和需求进行个性、理性的消费,在市场上形成多个消费热点。互联网金融方面也不例外。随着我国居民投资理财及超前消费意识的增加,借贷消费意愿也明显增强,金融服务行业受到空前欢迎,而定制消费的出现更是为金融服务行业打开了一个更为广阔的空间。

北京钱景财富投资管理有限公司推出的"互联网金融"资产管理平台——钱景私人理财,就是一款典型的定制化产品。它也是国内一家针对公募基金领域上线的智能投顾平台,为用户提供资产配置、产品优选、策略再平衡的服务。

该款产品通过以下3个步骤完成了深度定制:

第一步:确定用户的财务情况。其主要包含两个方面(见图1-2)。目的是了解用户有多少理财资金,并以此确定该设计什么样的理财产品。

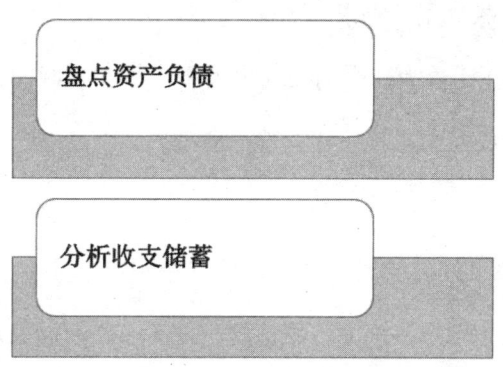

图1-2 用户财务情况确定的两大内容

第二步：帮助用户确定理财目标。了解用户要花多少资金进行理财，并了解其心仪的理财品类，然后帮助用户明确每个目标所需要的金额，让用户了解在多久之内就能实现盈利。

第三步：了解用户理财风险偏好。如果用户对风险偏好这些投资特征不太了解，钱景私人理财还会帮助用户了解每个投资产品的风险、收益特征，再对照制定的理财目标，确定合理性。

提供定制理财产品的互联网公司多不胜数，每个公司都有自己的特色。比如赶集网，在2015年就推出了定制金融产品，瞄准3亿都市新蓝领人群，提供信用贷；为专属用户提供精准金融服务。比如为企事业单位工作人员、有稳定工作的私企在职人员。在产品线方面，也更趋于多元，满足不同额度、不同期限的投资需求。

但是互联网金融本身就是一个复杂的行业，并不是每一家企业都能做好，而定制业务的开展除了需要有一定的技术、实力的支持，更需要掌握一套翔实的理论方法。现在我们就来看看，互联网金融行业的定制业务要如何开展。

1. 精准用户，激活用户需求

随着80后、90后成为社会消费的主力军，并在互联网、大数据这一背景下，金融服务就变成双向互动、双向选择的结果。消费者选择优质项目、优质平台，寻找更符合个性需求的产品。

要把握精准用户就需要利用用户画像，用户画像是企业精准用户的有力帮手。用户画像包含用户多维度数据信息，是产品决策的关键依据。

第一，打标签。用户画像的核心点是为用户打"标签"，而一个标签通常是人为规定的高度精练的特征标识，比如年龄、性别、地域、用户偏好等，最后把所有的标签集合起来，就可以展现出一幅精准的"用户画像"。

第二，别忽略信用信息。描述一个用户的信息有不少，但信用信息是用户画像中最为重要的信息之一，它体现了一个人在社会中的消费能力。并不是所有的用户都能成为目标用户，它还需要包含消费能力。

第三，采用强相关信息，忽略弱相关信息。前者是指场景需求直接相关的信息。如在条件相同的前提下，35岁的人平均工资高于30岁的人，计算机专业的人高于哲学系毕业的人，上海的平均工资高于海南省的工资……从这些信息中就可以发现人的年龄、学历、职业、地点对收入的影响较大，同收入高低的关系就是属于强相关关系。简而言之，对信用信息影响较大的就是强相关信息。

第四，对用户信息定性化。把金融企业各类信息集中到一起，对定性信息进行分类，这有利于对用户进行筛选，快速定位目标，寻找并描绘出用户画像。

比如根据年龄段，将18岁到25岁定义为年轻人；25岁到35岁定义为中青年，36岁到45岁定义为中年人，第一类中的用户很少能成为互联网金融的目标，因为这些用户大部分都在上学，并没有多少经济能力可以定制理财服务,第二、第三类已经进入社会工作,但第二类尚处于事业起步阶段,可能经济能力还不够强,但第三类社会地位稳定、工作时间够长,也有了一定的经济基础,是互联网金融企业最为主要的开发目标。也可以根据信用信息,将目标人群分为高收入人群、中等收入人群、低收入人群,固然第一种人群是重点开发对象。定义信息的方法有很多,互联网金融企业可以从自身业务出发做定义。

2. 实行互联网金融定制业务前需考虑征信数据问题

金融行业的表现形式是多种多样的,但基本可以归纳为"存""贷""汇"三大板块。其中"贷"是定制化的重点关注对象,因为互联网金融面对的是更多的草根群体,他们的需求是零散的,金额大小不一,期限也是长短不一的,所以针对草根群体的定制化金融产品尤为重要。但是不管是哪家互联网企业在这一块的发展都不是很乐观,根本原因就是在于大数据的可得性、可靠性。比如在互联网上发放贷款产品的前提,就是大量可用于征信的数据,且这些数据需要完备到完全不用担心风险问题。阿里巴巴的借呗、花呗、蚂蚁小贷之所以做得好,就是因为旗下的电商网站为其提供了用户的征信数据。所以,如果企业不具备这样的实力,就别轻易尝试这项业务,或者在执行前先做好用户征信数据的工作。

3. 解决成本问题才能执行互联网金融定制业务

除了大数据,成本问题也是决定互联网金融企业能否借到定制消费东风的关键。在"贷"这一环节由借款人向放款人所付出的资金使用费用,一般由三部分组成:

第一,资金成本。是指资金的机会成本,是借款人其他可选投资渠道带来的收益率,随着中国商业社会的发展,可投资的品质也越来越丰富,资金的

机会成本在不断地上升。

第二，风险溢价。是由借款人的自身风险决定的，如果因企业数据能力不足，而导致将资金借给还款能力不足的借款人，这就产生了呆账，企业就需要承受损失。

第三，服务费用。是指支付给金融业的服务费用，如果服务费过高，要么企业获利低，要么借款人融资贵，最后定制业务还是会成为鸡肋。

五、借力电商 C2B2C 模式，开启定制消费新时代

百度百科上对于 C2B2C 是这么定义的："消费者到企业，再到消费者，是互联网经济的新型商业模式。它改变了传统模式下生产者与消费者的关系，不仅企业向消费者提供产品，消费者也会向企业贡献价值。其核心是以消费者为导向，由消费者发挥主动性。在这一消费模式中，消费者向企业提供相关产品信息，企业根据信息对用户的资质与产品进行认证后满足其需求，为消费者提供产品价值，将消费者吸引到企业的价值创造过程中。"而在电商行业，C2B2C 则是指："大众定制化，是对有共性需求的群体特征进行总结后，依靠供应链的快速反应，快速生产相关产业，为大众消费群体提供产品的电商模式。"

"美丽说"曾被定义为女性时尚购物网站，遭遇封杀后一度沉寂，后通过向微信、电商、APP 移动端转型得到了"重生机会"，而真正让"美丽说""涅槃重生"的是其推出 C2B2C 的反向定制模式。

2015 年上半年，"美丽说"正式推出"美丽制造"柔性供应链体系，以拉动用户需求为切入点，以大数据销售预测为依据，实现真正意义上的个性定制

小批量灵活生产。帮助商家最大限度降低库存风险，为其创造出更多空间实现快速上新与品牌运营。在该体系中，"反向定制"是其核心理念，也是典型的以互联网方式革新传统时尚产业的手段，从用户需求出发，充分调动互联网大数据资源，实现对用户需求的精准定位。"美丽说"建立了集合产品入仓、产品质检、包装物流到手机反馈的全套B2C运作模式，加上基于用户群体需求的C2B反向定制模式，再通过对时尚产品的精心筛选后向用户提供产品信息，最终形成全新的C2B2C电商模式。

相较于以往电商推出的个性定制化C2B，电商大众定制化C2B2C有着以下的优势：仅仅是大众定制化，企业的产量无法提高，量少则就代表高成本，而大众定制化通过收集大众共性需求进行生产，在生产成本与销售价格上比个性定制化更有优势。那企业如何利用电商C2B2C模式做好定制服务，实现量产以获取更大利润的目的呢？每个行业有每个行业的特殊情况，企业要慎重规划。

以服装为例，我们来看看传统企业如何利用C2B2C模式的。

1. 为消费者提供可选设计元素

在C2B2C的模式下，消费者可参与到产品设计当中，如对面料及款式的的自由选择。一般电商的C2B2C模式有两种方式供用户参与：一是预售模式。用户表明要购买，企业给予用户优惠，企业根据订购量再生产。二是调研模式。企业先对用户需求进行调研，根据调研结果设计生产产品。

当然，电商定制化并不代表企业可以随心所欲地设计产品，还是要有一定的标准存在。先给用户提供一些基本款式，然后用户根据自己的喜好再进行修改。比如西装定制，用户可以根据品牌提供的款式选择面料、领型、扣子、颜色、袖口……不可能让用户自己画一个西装图形，然后让商家进行生产，这样的定制太过小众化,且定制成本非常高,企业不可能大量生产,需要付出的消费价格一般人也难以承受。

2. 引导用户参与互动,搜集需求

企业与用户的接触模式不外乎三种(见图1-3):

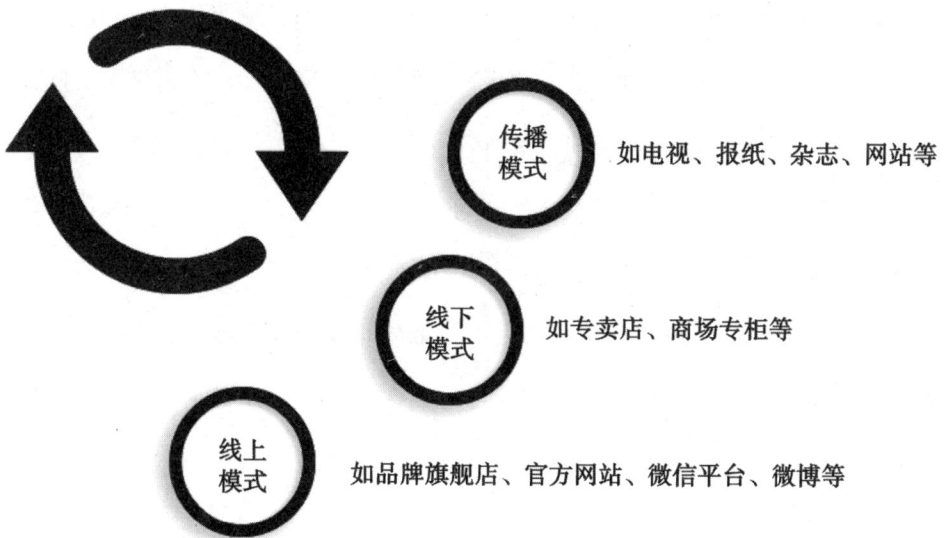

图1-3 用户接触的三种模式

因为前两种模式的实行效率较低,用户参与的意愿也低。但是企业却可以借助前两种模式,把用户引导到第三种模式中进行互动。如在传播平台上放上微信号、微博号,或是在终端店铺引导用户在网上进行互动。

3. 充分尊重用户并让其感受到

在借力电商C2B2C模式的过程中,企业要充分重视用户提出的意见,并分析采纳,然后运用到设计生产中。要想做到这一点,企业需思考三个问题:一是是否真正遵从消费者;二是是否有能力满足消费者提出的需求;三是能把实物性产品变成体验性产品,不是把产品卖给用户就完成销售,还需要做好售后工作。

4. 需要能快速反应的供应链做支持

与个性定制化不同，大众定制化也是走规模路线，但比起传统的供应链要求更高，需要能够快速反应，因此企业需要努力打造智慧供应链，以供应链环节的不断变革、整合和创新，做好合理资源配置，实现用户需求与产品生产的高效精准链接，从而超越时间、空间上的限制，更好地满足用户需求。在外部，企业也要与供应商、分销商、零售、其他合作方等整个供应链体系协同作战，实现高效快速地进行需求收集、下单、生产、入库、出货、物流、分销、零售等环节；在内部，需要打通从战略到品牌到设计到供应，再到销售的整体业务链条。

虽然进行 C2B2C 模式压力不小，但是如果企业想要发展壮大，这是必行之路。企业不能再采取"鸵鸟政策"，走一步看一步，要勇敢前进。因为最终活下来的，必定是那些勇于实践、高度执行的企业。

第二章
模式嬗变：定制消费模式颠覆传统消费模式

联邦快递创始人弗雷德·史密斯曾说："变革意味着机遇，如果你能在行业发生转变之前，最早迈出哪怕一小步，先发制人，就会有很大的机会，但如果你认为没有必要改变，将会自取灭亡。"如今的消费模式已经发生了阶段改变，定制消费模式势必颠覆传统消费模式，企业如果能抓住定制消费模式的特点，先发制人，未来就有可能成为定制消费市场的领头人。

一、模式：聚合、模块、深度

消费升级带来了新的购买需求，用户厌恶同款，厌恶撞衫，更讨厌背爆款的包包，一个宣扬自我与独一无二的个性时代正在来临，这也让"定制"成为这个时代的热词。各大企业也抓住了这个消费需求改变带来的机遇，纷纷打造了以"定制"为核心的新商业模式。虽然各大定制企业都有自己独特的运营理念，但关于"定制商业模式"不外乎以下三种：聚合模式、模块模式、深度模式。

模式一：聚合

聚合模式是指根据企业产品预售而定制的方式，官方定义如下：按照聚合定制的条件，其应用场景主要是企业的产品预售与新品定制。产品预售的流程为："通过前期数据调查分析结果，提前定制成品或半成品，再根据订单安排生产和发货，以降低库存的方式，让产品实现最高的性价比"；新品定制的流程为："企业提供模块化的产品让用户选择，以满足其个性需求，再根据成本安排生产。"其实，不管是企业产品预售还是新品定制，聚合定制其实都是通过聚合用户的需求后，企业再进行批量生产，以达到让用户拿到最高性价比产品的目的。

天猫的双 11 预售其实就是聚合定制的一种，用户在双 11 之前交定金抢占双 11 优惠名额，然后在双 11 当天交尾款，提前交定金的用户可以享受到比当天下单更为优惠的价格。这种聚合模式，可以让企业提前锁定用户，因而获得以下好处（见图 2-1）：

图 2-1 聚合定制的三大优势

模式二：模块

2001 年春节，海尔超人电脑正式亮相，引起了业内的热烈讨论。原因不仅在于该智能超人电脑的高科技，是首台可以进行人机交流的人性化产品，更是因为它采取了一种全新的销售方式——模块定制。

模块定制是指把能实现不同功能的主要软、硬件划分成独立的功能模块，在同一平台上进行不同模块的组装，就能产生不同的产品。用户在购买产品时，只需说明需要的功能，企业就可快速准确地为用户提供使用不同功能模块组装而成的、能充分满足其个性需求的产品。

模块定制模式一般是大型应用软件的设计开发和销售常用的方式，它能充分解决个性化需求和标准化产品之间的矛盾，将该模式用在 PC 销售上，属于海尔首创。海尔按照功能作用把智能超人电脑的各种软硬件分为八个模块，

充分满足用户的各种不同需求。其中3种模块是作为基础功能构成智能超人电脑的基本型，另外5种作为可选模块，用户可以根据自己的需求随意搭配。这对于习惯了整机销售的PC市场来说无疑是一次巨大的销售理念冲击，因此，该产品仅发布两天，就收到了3万多订单。

2013年上线的青橙手机也属于海尔较为有代表性的模块定制产品，手机摄像头、屏幕、内存等参数都可以实现个性定制。

模式三：深度

深度定制也可称为参与定制，是用户向企业提出单独特殊的产品定制，用户全程参与产品的定制开发，每位用户都可以根据需要定制产品，比如家具，就可以根据自己的户型、尺寸、风格、功能实现个性化定制。在以往的家具行业，多数都是采取模块化组装，依旧是企业提供产品，用户选择。参与定制则最大程度地满足了用户的个性需求。例如，一些身材高大的用户，如果是常规尺寸的书桌，坐进去后，就会显得非常局促和不舒服。参与定制，可以根据它的身材与喜好，进行从款式设计到构造尺寸的全方位定制。但是大部分的家具企业，都不具备参与定制所需要的柔性生产能力，只能实现小规模的定制，而大规模的参与定制，只有少数企业能做到，尚品宅配无疑是做得最好的企业之一。

尚品宅配根据用户需求及实际情况，进行从款式设计到构造尺寸的全方位个性定制，其具体体现在以下方面：

第一，高度智能化的生产加工系统，即使是用户有因特殊尺寸与构造板材所产生的切削加工需求，也能得到充分满足。

第二，通过强大的3D设计软件及云端设计资源整合能力，在设计端就让用户体验到定制的产品与整体家居环境设计搭配的效果，有效降低了用户对家具与家装设计风格不搭配的忧虑。

第三，使用三维虚拟现实技术，为用户提供免费上门量房、免费方案设计服务，同时根据用户需求打造真实的家具"试穿"效果。

以上三种模式，是当下定制市场最为成熟的模式，它们都有着各自的特点，想进入定制市场的企业或创业者可根据自身情况做选择。定制消费市场是一个蓝海市场，还有大量的潜力未被开发，随着定制消费市场的越加成熟，必将出现更多的定制模式。

二、特点：只围绕需求做产品

定制消费的最大特点就是"围绕用户需求做产品或服务"，但是不同的用户需求是不同的，同一用户的需求又非单一的。企业如何才能满足不同用户的不同需求，从定制消费这个特点中获利呢？

海尔早早就看到了"用户需求"在定制行业的重要性，在进行战略布局时，就实现了用户需求与产业研发制造的无缝对接。运用海尔冰箱行业领先的智能互联网工厂，与开放性的网络交互定制平台，在满足用户需求的同时，让自己成为了家电行业的产品潮流引领者。

海尔迪士尼冰箱系列就是在用户需求的驱动下产生的。2015年10月26日，海尔"创见生活感动——众创意，智爱家"在北京举行发布会，其中包含了大白、米奇、爱莎女王、头脑特工队等迪士尼动漫系列的成员，这一度成为家电定制行业的最热门话题，而这一跨界产品的背后推手正是有着个性化需求的用户。

不少有迪士尼情结的用户表示："迪士尼动漫陪伴了我们的童年，现在我想让他们在柴米油盐酱醋茶的生活中继续陪伴我们"，所以催生了海尔冰箱与迪士尼的跨界合作。

2015年11月2日，海尔新版众创汇上线，用户可通过该平台定制心仪的迪士尼产品。在该网站上，迪士尼定制冰箱不仅展示了真机，还让一向隐秘的生产线对外开放。

用户需求驱动了海尔冰箱与迪士尼的合作，此次合作也必将提升海尔冰箱在用户心中的美誉度。尊重用户想法，全力满足用户需求，正是海尔"定制消费"的成功之道。

从海尔的案例中，我们看到了用户需求对定制消费行业的重要性，那么，具体该如何做呢？

1. 分析用户需求的特点与定制的关系

总的来说，在消费升级的时代背景下，用户需求呈现出以下几个特点：

第一，个性化。我们一直强调，随着消费升级、人们生活的改变，对产品的要求已从以往的质量要求转变为现在的个性风格要求。而传统的标准化生产模式无法满足用户的这一需求，如此，才催生了个性定制。

第二，多样化。因为用户主体的多样性以及不同主体之间的生活环境、个性爱好等的不同，造成了用户需求的多样化和碎片化。独立的个性需求是无限多的，但是传统生产模式能够满足的个性化需求是非常有限的，只有智能化的定制生产模式才能满足。

第三，动态性。随着生活水平的提高、环境的改变、观念的更新，用户的需求也会不断地变化和拓展。一方面，随着市场产品功能的多样化，用户原先的产品需求也会随之改变；另一方面，随着产品设计的进行，用户也会改变自己的某些需求。比如用户在前期因为缺乏对产品属性、特征的了解，在产品设计实施阶段发现此前描述的需求并不是自己真正想要的，就需要进行修改和调整。这种随时变化的模式也只有更加柔性化、弹性化、智能化的定制生产模式才能解决。

2. 分析用户需求类型与定制的关系

由于用户需求存在巨大差异，表达方式也不尽相同，所以使用户需求具备了多样性、个性化的特征。企业如果要做好定制业务，就要对用户需求准确地分类。一般可分为以下几种需求：

第一，外观需求。是指用户对产品的造型、颜色、外部材质等方面的要求，也就是用户的审美需求。现代消费者对产品外观的要求越来越高，所以当传统的标准化生产模式下的产品无法满足这一需求时，用户就会选择定制模式来满足自己的这一需求。

第二，性能需求。是指用户对产品的实用性、舒适性、稳定性等方面的要求，可分为三种类型（见图2-2）。比如我们在购买某款手机时，其中有一大部分的功能，如拍照、响应速度、音乐功能能满足自己的需求，但是这款手机又缺少了自己对NFC的需求，如果自己要买包含NFC功能的手机，其他需求又或多或少地得不到满足。因此，为了能充分满足自己的需求，在经济条件允许的情况下，用户就会选择定制手机。

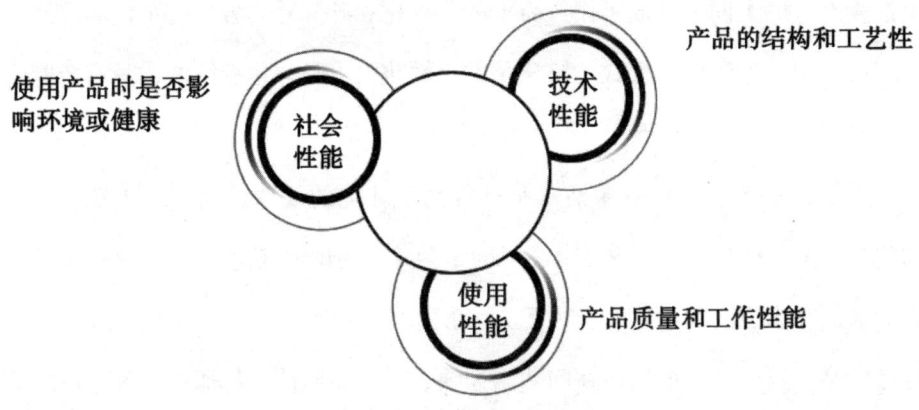

图2-2 性能需求的三种类型

第三，外延需求。是指用户购买产品时获得的附加服务需求，比如通过互联网定制产品时产生的产品介绍、设计咨询、产品配送、售后服务等方面的需求。比如一些用户希望获得更好的服务体验，但是普通的产品购买是无法获得这种体验的，用户就会产生是否有专门为自己提供服务的渠道的想法。比如京东的 PLUS 会员就是为这类用户而定制的，只要成为 PLUS 会员，就能够享受到其专属的服务体验。

用户需求催生了定制行业，定制企业要想做得好，就要做好用户需求的满足工作。关于如何做好满足用户需求的工作，我们在第五章会进行详细的讨论。

三、高频：高忠诚度产生高消费频率

随着定制市场的成熟，用户对定制产品的选择自由越来越多，而企业也越来越难以揣测用户心理。市场上每天如火如荼的降价战、大促销、新闻事件的炮制，都是为了让用户关注自己，从而产生消费行为。但这些手段只是让产品一时红火，不到半年就无人问津了。新的定制产品上市之初豪情万丈，投入大笔资金进行营销轰炸，但一段时间后，就发现付出和投入不成正比。看着庞大的广告费只是激起了一点水花，企业不免产生"生存"还是"毁灭"的矛盾之感，是继续投资坚持到底，还是彻底放弃？其实，这个问题的关键在于营销没有让用户对定制产品形成"二次消费"。那定制企业该如何解决这个问题呢？其实很简单，打造用户对定制品牌或产品的高忠诚度，一旦成功，就不只是"二次消费"的问题，而是"N次消费"。

这一点，定制企业应该好好学习网易云音乐的做法。其粉丝对该软件的忠诚度远远超过了其他音乐APP，而这也是它后来者居上的重要原因。现在我们就来看看它是如何做的吧！

网易云音乐打造忠诚度的关键点就是让用户获得存在感。在网易云音乐中，存在着丰富的UGC模式场景，用户可以创建歌单、评论分享、点赞私信等多个方式来表现自己的音乐思想。虽然如今的价值观分散游离，但是大部分用户还是存在强烈的自我价值体现的诉求，而对音乐的思考、体验的表达，更是人们自我价值的表现。对于一首歌的评论，不存在对错之分，每个人都可以有自己的看法。所以用户对于有相近理解的评论就格外喜爱，于是就产生了促使用户对基于音乐中相似价值观交集的喜悦感。而当一个人被认同、被支持、被称赞的时候，就是他最有存在感的时候，然后他会把这种感受转移到产品身上，从而对产品形成高忠诚度。

网易云音乐通过产品体验获取首批优质种子用户后，利用这批用户的评论社交行为，以滚雪球的方式让自己的知名度迅速展开，同时也使得用户活跃度和黏度得到不断提高，最终形成自己最核心的竞争优势。

网易云音乐用存在感打造高忠诚度是定制企业可以学习的方法之一，那除此之外还有其他方法吗？当然有，例如以下几点：

1. 了解用户忠诚度的衡量指标

用户忠诚度的衡量指标可从以下三个方面进行分类（见图2-3）。

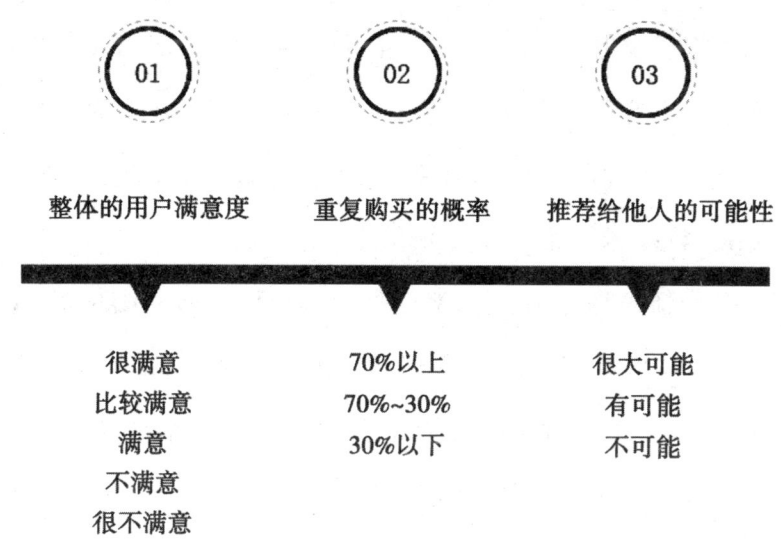

图2-3 用户忠诚度的3个衡量指标

2. 跟着用户期望的改变而改变奖励方式

许多定制企业会采取奖励的方式来打造用户忠诚度,但事实上,用户不只是想要获得更多奖励,他们更希望能与定制企业保持一种不一样的关系。所以,单纯的利益激励已经无法维持或提高用户的忠诚度。企业可采取以下办法进行奖励:

第一,增加非金钱奖励和象征归属感的福利。比如定制产品达到一定次数,就能升级。

第二,提供秘密菜单。这是指为高频用户增加特别供应的服务,这些服务只有被企业认定的能成为忠实用户的高频消费用户才能体验。

第三,慈善奖励或积分,比如定制一次产品,企业就会以用户名义捐赠利润中的1%做慈善,或者设置慈善积分,每定制一次增加多少积分,达到一定额度时,企业再以用户的名义做一定额度的慈善捐赠。

3. 让用户的定制行为变成习惯

神经学家认为:"人脑总存在着一个负责无意识行为的基底神经节,那些无意中产生的条件反射,会通过习惯的形式储存在大脑中。当我们需要解决某些问题时,大脑就能以极短的时间找到相应的解决方案,也就是条件反射。"如果企业能培养用户习惯,无疑就能毫不费力地获得用户的忠诚度。比如用户一产生购买冰箱的需求,就立马想到海尔的定制冰箱。

但是用户习惯的养成不是一件简单的、短时间内就能完成的事,需要经过规划、长时间的培养。比如我们经常网购,那么在双11、"6·18"这两个节日就会下意识地产生网购的需求,这两个活动的用户习惯都是天猫和京东多年的经营成果,投入了巨大的资金与精力才达到如今不用宣传,用户就会知道,并产生购买行为的效果。

以定制活动的用户习惯培养为例，不管企业采取什么样的手段培养用户习惯，都要注意以下两点：

第一，持续培养。这并不是指一个活动做一年，而是每年都在同一个时间点去举办相同的活动，以此来引起用户对活动的关注。除了固定的时间，还要创造一些特色的节日去维持用户的活跃度。

第二，巩固成果。巩固的话也不是等于每到一个时间点就做相同的事情，而是每到这个时间都要让用户产生相似的感觉，但在相似中还要有新鲜感。

4. 垄断用户社交

为什么腾讯做产品总能快速成功？是因为他有QQ和微信两个全民社交软件，腾讯可以将它的产品与这两个产品的用户联系在一起，使产品都带上社交属性，从而用社交关系黏住用户。那么，定制企业如何利用社交来培养用户习惯呢？如美团，它在用户返利的过程中加入了社交因素，促使用户分享红包以达到拉新的目的，同时还利用社交这一内部机制让用户觉得好玩、有趣，从而促使用户的循环使用。所以，定制企业也可以参考这一做法。比如设置每日朋友圈打卡功能来增加积分，而积分可以在定制产品时抵现升级会员，会员的级别越高，优惠及享受到的服务就越多。如此，用户就会想获得更多积分而持续自己的打卡行为，久而久之自然能形成用户习惯，而这种用户习惯必然能转化为用户对企业的高忠诚度。

许多企业都说"市场不好做了，产品不好卖了，业绩不好看了"。因此，为了守住阵地，大多数企业都在筑起营销高墙，防止用户的流失。这堵高墙的浇筑不是别的，就是用户忠诚度。只要有了高忠诚度，就能促使"N次消费"的行为产生，市场、产品、业绩等问题就自然迎刃而解。

定制消费

四、突破：降低成本，私人定制不是高端定制

在大多数人的印象中，定制通常就是代表高级，是一小部分人的消费特权。我们说到定制时，总是想到香奈儿、迪奥、阿玛尼的高级服装和包包。它们足够奢华、足够顶级，但是，却离普通百姓的生活很远。对于大多数人来说，为了定制一套独一无二的衣服就飞到上海、香港，跑到米兰、巴黎，是不太可能的。而随着时代发展，定制成本的降低，定制消费已经逐渐趋向平民化。我们发现，上门量身定制、设计师根据个人特征设计服装、根据个人皮肤状态定制专属护肤品，甚至是手机壳、抱枕、马克杯都可以定制。

为什么"平民化"会成为定制消费的发展趋势？对生产模式和流水线产品的厌倦，让以70后、80后为代表的有一定品位和经济基础的消费人群，开始越来越青睐体现个性与自我专属性的定制产品。另外，消费需求的扩大以及新技术的快速发展，使企业能以更低成本提供个性化产品。因此，定制产品的价格才有了明显的"走向平民"的趋势。

其实，定制平民化的发展早有趋势，2007年，服装业就有先行者。IWODE就是在2007年成立的，定位为"为大众定制"的男性服装品牌，100多元就可定制一件衬衫，同时还能提供上门量身的服务。开业一个多月，会员人数就达到1500人，显然，这种平民化的定制很受白领男士欢迎。该店内陈列衣领和袖口组合多达100多种，用户可自由选择搭配不同的衣领、袖口、衣袋、后背打褶、前门襟样式，定制出各种适合不同场合的衣着风格。同时，消费者还可以在衣服上绣上自己的名字，充分满足消费者的个性需求。

IWODE之所以要将自己的品牌定位为"平民化、大众化的男性服装品牌"，就是因为他们经过市场调查发现，许多男性衣柜里虽然有超过10件的衬衫，但是却没有一件适合自己的，而国际品牌店的定制衬衫价格又非常昂贵，普通收入人群根本负担不起。因此，他们才诞生出这样一个定位。

早在十几年前，国内就出现了平民化、大众化的定制服务，而如今随着新技术的应用，平民化的定制模式将出现在更多的产业中，消费者可以从各方面享受到平价但又极具个人风格的产品。

那么，如何才能做好平民化定制，以覆盖最大范围的消费群体呢？以服装行业为例，企业可以参考以下四点：

1. 用良好的体验培养用户理念

有人说："定制本身就是低频消费，如果还将价格平民化，那企业就根本没什么利润可言。"其实这是一种错误的认知，平民化定制企业最大的竞争不是同行竞品，而是成衣。虽然定制消费逐渐成为一种趋势，但尚未成熟，人们对服装定制的理念并不强，还需要企业进行用户习惯的培养。所以，对企业来说，重要的不是消费频率，而是回头率。如果体验好了，用户就会再次定制。可能从夏天的T恤再定制到冬天的羊绒衫等，甚至衍生到日常衣物，最终从低频变成高频。此外，如果用户体验做好了，就会产生"口碑"，帮企业进一步开拓市场。

2. 有效利用新科技解决个人数据采集问题

当下,大多数平民化服装定制企业都是通过人工来获取用户数据,但这只适合小规模定制。但当企业发展到一定程度后,特别是价格平民化带来的大量用户后,就需要规模化、标准化生产,单靠人工是很难做到的。所以,如何保证快速精准的数据采集是非常关键的。不过,随着3D技术的发展,三维人体测量系统有效解决了这个难题。用户进入更衣室后,3D量体系统就会自动扫描,在30秒内采集人体85~120项数据。

3. 精准对象,精准营销

在用户培养阶段,前提条件就是要找对用户人群,进行精准营销,如此才能迅速打开市场。如服装行业,就可以从以下两个维度进行考虑(见图2-4)。

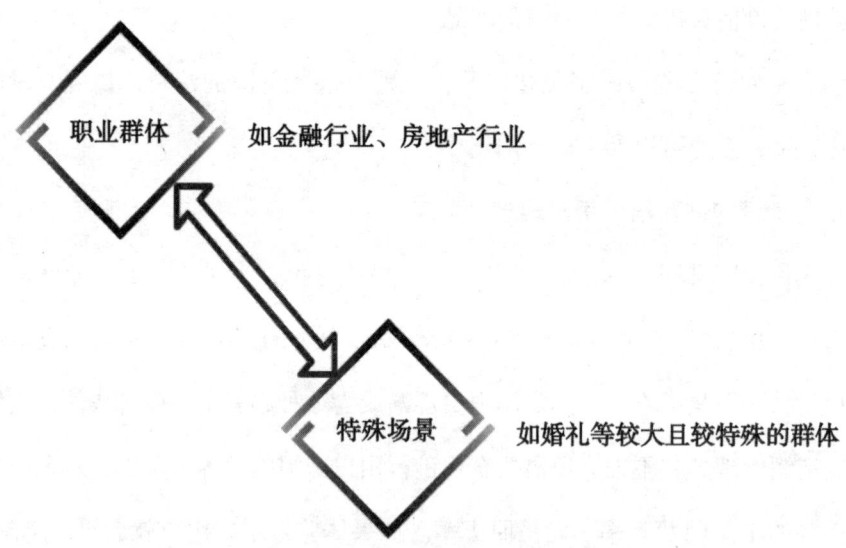

图2-4 服装行业精准对象做营销的两个切入角度

4. 实现智能生产

目前,虽然国内大多数企业都实现了智能生产,但是这都是针对标准化的。而定制每件产品的要求都不同，如果一一进行定制生产，其生产成本就会拉高，企业就无法走实现平民化定制。要解决这个问题就要建设柔性产品制造系统。比如服装业，服装的数据信息被传输到智能仓储环节之后，在自动裁床上完成裁剪，同时挂上附着用户个性化要求的电子标签，在流水线的终端电脑上扫描，便可从云端获取用户个性化信息，中间无须进行任何人工转化以及纸质传递信息，有效降低了个性产品的定制成本。

正如马克思所说："人类社会的发展规律是一种'螺旋式'上升的过程"，定制消费的发展也在上演着同样的画面。随着人们需求的个性化，越来越多的用户对定制产品产生了需求，但是如果定制依然端坐在"价格云端"，那么，大部分消费者的需求就会被其浇灭，平民化定制无法实现，定制企业也无法通过平民化实现规模化，也就无法创造规模性经济效益。

五、库存：没有大量产品积压

降库存是当下许多企业都在进行的一项重要活动，因为很多企业还无法适应增长放缓的市场节奏，也还未在内部建立起高效供应链的管理机制，因此导致积压了大量库存产品，使企业效率下降，利润率下滑，甚至有些企业因为库存成本过高而导致资金链断裂，致使自己破产。但是，面对库存这个让大多数企业都在烦恼的问题，定制企业却毫无反应，因为定制消费行业的最大特点之一，就是低库存甚至无库存，不存在大量产品积压，导致库存成本过高。

小米手机的成功，是基于两点：一是"为发烧而生"的产品营销；二是用最优性价比吸引用户，而"最优性价比"有一部分则是通过"按需生产，零库存供应链"来实现的。

小米的供应链是快速响应的，同时避开了高库存风险。最初，小米并没有设置实体专卖店，而是通过电子商务的形式在网上进行预售。用户要购买小米手机，需要先在官网预订，然后小米根据用户需求快速响应，通知生产厂商按照需求量进行生产，然后再以最快速度配送到用户手中。

小米手机的供应链条较短，主要涉及的只有五个环节（见图2-5）。在供应链条上，小米手机减少了中间代理商及中间流转环节，在降低因中间商和中间流转商所形成的经营成本之外,让用户与生产商之间衔接,生产商只按照用户需求进行生产,完美实现了零库存供应链模式。

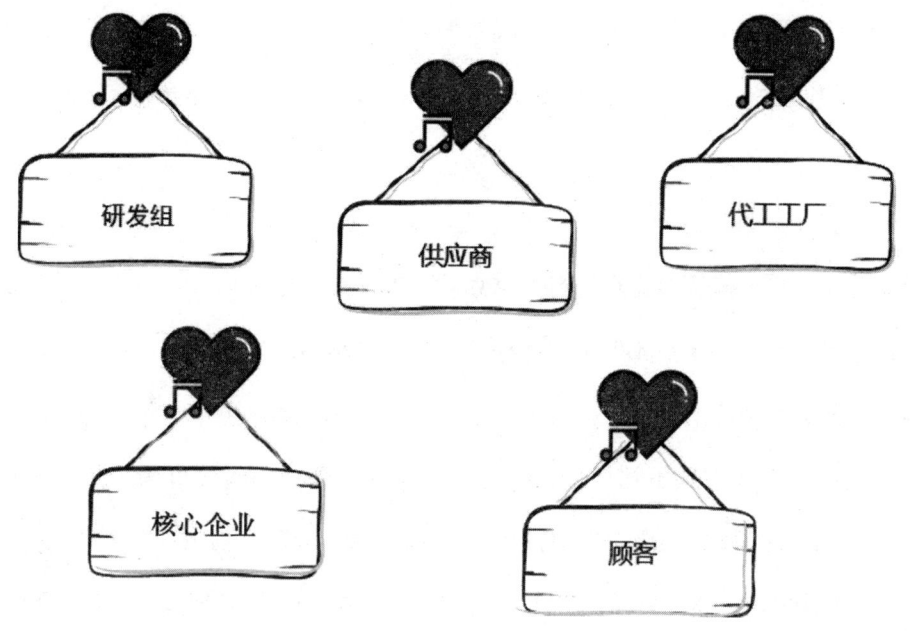

图 2-5 小米供应链五环节

定制模式虽然能帮助企业实现零库存,但还是存在不少问题,定制企业只有解决了这些问题,才能做到真正的零库存、零库存成本,实现最大的经济效益。定制模式下的库存问题,在定制家具行业尤为明显。

1. 定制模式下的四大库存顽疾

在定制家具行业,定制模式下的库存存在四大问题:

第一,客服水平不够高。因为一些企业用户服务水平设定得不合理,使原材料库存成本增加。用户服务水平问题简单地说,就是用户问"这样的橱柜"是否能定制,销售人员回答"可以",但却没有考虑原材料储备是否充足。如果要解决用户服务水平低而产生的问题,企业就要设置安全库存量,而这就会导致库存的持有成本上升。

第二，订货方式不合理。一些定制企业的订货方式较为单一，一般是依靠采购主管的经验。但是个性化需求市场环境充满了各种不确定性，只靠采购主管的经验是远远不够的。很容易造成某种原材料过多，其他销售量较少的原材料缺乏的问题。如此，就会造成某一原材料长期积压，又因某一原材料缺乏，流失用户订单的问题。

第三，产品库存不分类。还有一些定制企业对不同性质原材料没有进行合理分类，更没有实行重点原材料重点管理的库存管理方式；有的企业库存管理混乱，库存控制重点不明确，从而造成主要原材料经常缺货或长期积压，零配件辅材太少或没有库存。

第四，设计方式不智能。某些定制企业为了获得更多的市场和充分满足个性化需求，采取了超负荷的库存，虽然库存成本高，但是如果设计方式合理，还能减少积压成本。但是一些企业的设计方式还停留在依靠设计师经验的"人工"阶段，设计师根据销售终端反馈的用户需求，进行设计。因此，在模块选择和组合阶段，完全依赖个人经验和对企业现有模块数据的熟悉程度。而随着产品种类的增加，就会导致对新产品种类对原有标准模块利用率低，新通用模块增加，后者的增加必然导致在制品库存的增加。

2. 库存顽疾的治愈方案

针对以上四个问题，定制企业可以采取以下四种策略：

第一，设定合理用户服务水平。要保证100%的客服服务水平，就意味着缺货概率为0，也就意味着无限大的安全库存。所以把客服水平设置为70%时更为合理，也就是让销售人员学会拒绝，不是所有订单都接。

第二，采取多样化的订货方式。采购时主管的经验只是辅助，主要还是采取数据化的采购方式。也就是根据市场调研结果、库存实时情况进行采购。

第三，采取合适的分类法管理控制。比如根据原材料在定制生产阶段的需求量大小，采取 ABC 分类法，对不同类别原材料进行管理，并强调重点材料重点管理原则，从而达到优化库存结构、压缩库存总量及减少库存的目的。

第四，根据分析法管理库存。首先，对现有的产品进行生命周期评估，逐步减少处于衰退期产品的库存；其次，对长期处于产品导入期的产品进行分析，淘汰不符合市场需求的产品，停止原材料采购；再次，对现有产品间的可替代程度进行分析，然后进行技术改进与合并，以减少库存；最后，对新开发的产品进行分析，尽量利用已有的产品模块和通用零部件，最大程度减少新原材料的采购。

当然，定制企业库存优化的方式还有很多，也并不是每一种方式都适合，或者能全部照搬使用，此处几点只是希望能为定制企业提供一些解决库存问题的思路，帮助企业实现真正的无产品积压的库存。所以，在参考以上优化方案时，还需要企业根据自身情况谨慎选择。

定制消费

六、渠道：没有中间商赚差价，利润最大化

定制企业如果想做好自己的品牌，在让自己利润最大化的同时，又想保证用户在购买产品时获得"最高性价比"的体验，就需要"去中间化"，没有中间商赚取差价，自然就能保证做到以上两点。去中间化是指缩短交易的中间环节，淘汰掉中间渠道商，提高交易的效率，降低用户购买产品的成本。

2018年6月30日，全球首家致力于去"中间商"的C2M点对点交易生态项目diY chain正式对外发布。

该项目的愿景是希望通过区块链技术促进定制行业发展。当前定制化市场增长较快，就服装领域来说，私人服装定制在2017年其市场规模就达到了1600亿元；在团体服装领域，2017年仅是T恤就达到2909亿元，再加上工作服、运动服就超过1万亿元的市场容量，且每年超过50%的市场增长率。因市场庞大，增长过快，所以还存在如图2-6所示的问题。

为了解决这些问题，diY chain利用区块链的去中心化、不可篡改、溯源追踪的特性，重塑电商行业，利用区块链打造信任体系，打破终端用户和生产厂家之间的隔阂，形成直接联系，实现点对点交易、去掉电商行业的中间商，解决价格高昂问题；利用区块链打造智能合约方式，解决账款问题；利用区块链建立仲裁解决方案，解决企业和用户之间生产和需求的矛盾。

图 2-6 服装电子行业存在的五大问题

diY chain 团队在 diY chain 供应链基础上开发了第一款定制行业的 DApp，包括已初步建成中国最大的定制生产工厂 SaaS 系统和小程序，主要应用在服装领域。在服装领域就已经和 500 家 M 端智能化加工厂达成合作，覆盖近 1000 万的 C 端企业。

1. 去中间化的价值

为什么定制企业要去掉中间商？因为有中间商的供应链存在极大的问题：一是流通的环节过长，导致企业回笼资金慢；二是中间的各级批发商导致价格虚高；三是效率低下，损耗极高；四是存在回扣压账等情况。

"去中间商"除了能解决以上四大问题，还能给定制企业带来以下巨大价值：一是整合供应链获得对下游企业的议价权；二是能直接与用户接触，能快速获取大量精准的用户需求和反馈，从而形成大数据并对其进行分析；三是企

业可以控制信息流、资金流和物流，全面掌握并利用用户行为数据，形成生态闭环。

2. 去掉中间商的衡量标准

去掉中间商的最理想情况是企业直接与资源和用户对接，但现实情况能做到的定制企业并不多，所以这也是当下不少定制企业失败的原因之一。之所以做不到这一点，主要原因是定制企业盲目"去中间商"。任何事情都不是绝对的，而是相对的。虽然定制企业最好能去掉"中间商"，但也要依情况而定，并且看去掉什么样的中间商。

第一，保留有价值的中间商。如果中间商有以下价值，能对企业的定制业务起到帮助作用，就应该保留下来，这可以以两个维度进行判断：

（1）是否对上游资源的整合有利。有一种中间商是紧贴厂家层面的，它比定制企业更了解市场，而企业只要聚焦生产。这类中间商可成为企业外包的渠道部门，起到帮企业建设、拓展区域渠道，完成库存、调动、干线物流的工作。

（2）是否掌握消费决策权。这类中间商接近采购端，但它不一定是直接用户，而是承担把产品销售给用户的责任。比如后市场中的维修企业，在该渠道中，企业无法决定要卖什么给这类中间商，用户也无法对配件、维修项目进行完全的判断和决策，消费决策权是掌握在维修企业手中。

第二，去掉无价值的中间商。其主要的衡量标准如下：

（1）依靠信息不对称存在的中间商。现在是互联网时代，信息早已透明化，这类中间商本身就该被淘汰，即使定制企业不去掉它，它也会因为市场原因被淘汰。

（2）定位于销售而不是服务的中间商。大部分的流通品，产品的同质化现象非常严重,如果只是依靠销售能力,也是很容易被市场取缔的,且很容易对定制企业产生影响。一旦这类中间商转投其他企业,就会带走大量用户。企业最好把销售渠道掌握在自己手里,取缔销售类中间商,发展服务类中间商。

去中间商必定是定制企业未来发展的渠道模式,但是在这个过程中,企业还是要稳扎稳打,妥善处理各种去中间商带来的各种问题,如果因企业自身特色无法去掉中间商,也不能因为"为了去中间商而去中间商"。

第三章 人工智能：新科技让定制消费从复杂变简单

定制业务离不开新科技，特别是大规模定制模式，如果没有新科技的帮助根本无法施展，定制行业还是会回到最初少量、手工的定制模式。云计算、大数据、3D打印、AI、AR……种种新科技技术的出现，让定制行业走出了高成本、小批量的困局。

一、云计算帮助定制企业快速响应用户需求

对于云计算的定义有很多,现在广为接受的是美国国家标准与技术研究院(NIST)的定义:"云计算是一种按使用量付费的模式,这种模式提供可用的、便捷的、按需的网络访问,进入可配置的计算资源共享池(资源包括网络、服务器、存储、应用软件、服务等),这些资源能够被快速提供,只需投入很少的管理工作,或与服务供应商进行很少的交互。"不管云计算被如何定义,它对于最终用户而言都意味着无须硬件购置成本,无须管理软件许可证或升级,无须雇佣新员工或咨询人员,无须租赁成本,甚至是任何种类基建投资和隐性成本,只需根据企业使用情况支付费用就能实现的一种新科技技术。从这个层面上来看,云计算也是按需提供服务,按量收取费用的一种定制商业模式。最简单的云计算技术在网络服务中已经随处可见,比如搜索引擎、网络信箱等。

1. 了解云计算的优势

定制企业使用云计算可以提高运营效率,具体如下:

第一,方便。企业开始使用云计算时,虽然看起来复杂,但和在本地数据中心按照全新服务器运行并无差异,一般第三方公司都能够帮助企业无缝迁移。而且云计算可以让企业按需扩展,无须额外的硬件就可快速部署资源。

第二，安全。企业通过云计算可以把业务数据安全地存储在合规数据中心的多个位置，只要云计算机具有身份和数据安全性，提供服务的企业遵守云计算行业的安全实践条例。此外，使用云计算企业很容易就能控制自己的文件。文件控制是保证安全业务所必需的措施，企业经常会发现机密文件泄露事件，从而造成巨大损失。云计算可以让企业轻松挑选哪些文档可以被用户编辑、查看和共享，同时还允许实时协作，因此就不会存在相同文件的大量版本。

第三，省时。通过云计算，企业可以节省大量时间，可处理其他耗时的工作，比如创建新业务或者为用户提供服务。

第四，灵活。可以通过提高处理能力来提高企业网站的速度，以达到通过减少分配给网站的资源来降低运营成本。

第五，协作。根据云计算安全联盟开放的资料："79%的公司收到用户的定期请求，购买更多云计算应用程序、文件共享和协作。"这是因为云计算应用写作和文件共享，可让企业团队随时、随地访问并编辑它们，企业团队可以不受时间和地点的困扰随时随地地进行协同工作。

2. 云计算与大规模定制之间的关系

虽然云计算和大规模定制是两个不同的行业，但它们确实是相互支持和相互影响的关系。

第一，云计算服务存在大量用户，且每个用户的IT服务都显示了个性化特征，因此，云计算作为一种IT服务，本身也有服务大规模定制的应用需求。云计算通过集中方式来实现以较低成本为用户提供个性化IT服务的目的。从这个角度来看，云计算是要采取大规模定制模式来进行云计算服务运作。如此，既能保证为用户提供个性化IT服务，又能通过一定的规模降低云计算服务运作成本。

第二,大规模定制模式的实行需要商务技术平台以及商业智能工具来支撑,有效、快速地支持大规模定制用户的需求响应。而云计算则能为其提供最好的技术支持环境,实现大规模定制模式所需的用户需求快速响应决策的能力。

3. 云计算在大规模定制模式中的应用情况

大规模定制该如何使用云计算?它带给大规模定制哪些支持?大规模定制模式的实行需要强大的信息系统和计算能力去处理庞大、复杂、多样的用户需求及生产过程,云计算的出现正好满足了大规模定制中的服务响应需求。总的来说,云计算为大规模定制模式提供了两个方面的支持:

(1)更低的基础设施成本。云计算中的大型服务器集群技术,正好为大规模定制提供了可以自我维护和管理的虚拟计算资源,企业可通过该技术来补充和取代内部的计算资源,节省了资源获取成本。此外,云计算对企业的云客户端的硬件设备和软件设备要求并不高,而且还能带来更高的性能。企业无须投入过高成本购置高性能电脑,只需下载应用程序即可,而云计算提供了无限的储存容量,就连软件应用程序也无须单独购买,从云计算获取就可免费试用,解决了大量烦琐的运行任务占用本地内存的问题,从而使客户端获得更高更快的计算能力。

(2)轻松实现企业与用户的互动。在大规模定制中,常常需要用户的互动参与,而云计算则可以支持用户在任何地点与企业进行互动,从而更有效地支持大规模定制用户的需求响应。此外,在云计算环境下,可考虑在与用户互动时,通过沟通为用户需求决策提供更多定制业务相关信息,通过一定的激励设计对用户的行为及需求进行引导和优化,从而使其需求更有利于提高用户满意度,同时还能降低提供个性化产品和服务带来的成本。

二、大数据分析，让定制消费更精准高效

百度百科上，对大数据分析的定义是："指对规模巨大的数据进行分析，特点是数据量大、速度快、类型多、价值密度低，是当下最为火热的IT行业词汇，随之而来的数据仓库、数据安全、数据分析、数据挖掘等围绕大数据商业价值的利用成为各行各业人士争相追捧的利润焦点。"

定制旅游站在了消费升级的风口上，引起了众多关注。但因为用户需求分散，获客成本高昂、供应链整合困难等问题，导致定制旅游难以实现规模化。那定制旅游如何在保证个性的同时，又实现规模效应呢？6人游创始人兼CEO贾建强提出了解决方案，就是大数据。

在其创始人贾建强看来，定制旅游本身属于一个细分的小众市场，而小众市场要想实现规模效应，就离不开大数据的使用。

当6人游拿到用户订单时，就要知道给用户匹配什么样的资源和行程。因此，就要了解他的家庭构成、孩子年龄、成员爱好。从这些角度分析，去了解用户消费特点，然后整理出一个数据，这些数据有利于6人游更好地解决用户需求。因此，6人游会把这些数据记录下来，通过标签变成明显特征，然后再做大数据分析，给用户提供一个高性价比的解决方案。大数据主要起到以下三

定制消费

个方面的作用:

第一,看设计方案的用户需求匹配性。新用户一般不了解哪个定制旅游产品好,但是随着与定制旅游企业的交互,就能够逐步了解用户消费特征。当下次消费时,企业就能在最短时间内给出最匹配用户需求的方案。

第二,看设计方案的专业性。专业性如果靠人力来做,会有很大的局限性。但是,如果企业做好大数据的积累。如某个目的地的距离,第一个景点和第二个景点的距离,用户需付出的精力和费用等,这些数据的积累能帮助定制企业设计一个相对专业合理的解决方案。

第三,看采购行为的匹配习惯。在旅游过程中,用户大多会采购,所以采购点师傅能匹配用户需求也非常重要,而这就要依赖大数据。企业要连接什么样的产品、价格才能与用户需求相互匹配。

1. 导入大数据管理模式解决定制与规模的矛盾

那么,大数据分析对定制消费能起到什么样的帮助呢?我们可以从定制橱柜这一产品出发来了解一下。

现今普通消费者购买的商品房面积都不大,因此对空间的合理利用有迫切需求,而这只有定制才能满足。不过,即使是现在,定制在一定程度上还是与高端、小规模生产挂钩,特别是在橱柜这类大宗产品上。因为这类产品在生产环节上,传统定制模式生产效率低、材料浪费高,所以很难实现大规模生产;在接单环节,企业需要针对用户个性需求进行产品设计,人力、时间成本较高。在这两个因素的限制下,定制橱柜价高量少,规模生产与个性生产成为该产品发展过程中的主要矛盾。而大数据的出现,成为解决这一矛盾的最佳方案。

如果厨柜要实现大规模定制,就要导入大数据管理系统,一个是生产系统，另一个是销售设计、分析系统。

厨柜企业本身就是属于先设计销售、再生产的商业模式。导入大数据，橱柜企业可以采取两种方式：一是对市场上的户型数据进行收集，梳理基本户型；二是可以收集用户信息，如户型、业主喜好，并将之录入信息库。如此，当新用户出现时，企业就可以很快地在已有户型中挑选最贴近的房型，微调后就开始方案设计。

而在方案确定后，整体橱柜的每个部件都会拆分，然后转化成数据传送到云数据库订单中心，然后再开始生产。如此，就可大大提高生产效率，提升材料利用率，降低出错率。

2. 帮助定制企业实现精准营销

数据除了可以解决个性定制和大规模生产的矛盾外，最为重要的一点是能够帮助定制企业找到目标用户、实现精准营销。大致操作过程如下：

第一步：利用用户画像找到目标用户。

用户画像是根据用户社会属性、生活习惯、消费行为三个方面的信息而组成的一个标签化的用户模型。分析用户画像时，需重点注意以下四个特征：

（1）固定特征：如性别、年龄、地域、职业。

（2）兴趣特征：如兴趣爱好、品牌偏好、使用的APP。

（3）社会特征：如生活习惯、社交渠道偏好、家庭成分。

（4）消费特征：如收入水平、消费水平。

第二步：对用户进行分类并贴上标签。

使用用户画像收集数据后，就要利用描述分析法进行分类。其主要分为两大部分：一是数据描述；二是指标统计。前者是用来对数据进行基本情况刻画，包含数据总量、范围、来源；后者是对各类指标进行统计，然后贴上标

签,建立模型,每个模型就是一个用户类型。

第三步:对营销方案进行优化。

有了用户画像后,就可实现精准营销。但在实际操作时,还需要进行实时观察,看其营销策略和方向是否正确,如果效果不佳,又该如何调整。反复试错调整,做到循环优化。

当然,大数据的作用远不止如此,但是不管其作用具体是什么,定制企业只要能充分且正确地利用它,自然就能给予自己的定制业务以帮助。

三、3D 打印,加速定制消费行业发展

什么是 3D 打印?3D 打印是:"快速成型技术中的一种,是一种以数字模型文件为基础,运用粉末状金属或者塑料等可黏合材料,通过逐层打印的方式来构造物体的技术。"

3D 打印是采用数字技术材料打印机来实现的,最早应用于模具制造、工业设计的模型制造,后逐渐应用于一些产品的直接制造,在珠宝、鞋类、工业设计、建筑、工程和施工(AEC)、汽车、航空航天、牙科和医疗产业、教育、土木工程、枪支以及其他领域都有所应用。而它的出现更是让定制消费的体验得到了极速提升。现如今,已经有不少定制企业使用了 3D 打印技术。

案例一:李宁,用 3D 打印技术制造定制鞋

众所周知,每个人的体重、足形、跑步姿态、落地方式都有所不同,甚至同一个人的左右脚都存在差异,所以用户对找到一款适合自己足形、匹配自己运动特点的运动鞋有着强烈的需求。为了满足这一需求,李宁经过多年深入研究,利用 3D 打印实现了完全个人定制化的 3D 打印运动鞋。其大致应用过程如下:

第一步:对用户足部进行三维扫描,获取足部外形基础数据。

第二步:通过足底压力测试设备采集运动时的足底压力动态分布数据。

第三步:获取全部数据后,将足形、体重、足底压力大小与分布作为参数之一,将其与有限元仿真分析技术相结合,由和程序自动生成疏密分布的足底减震区域三维网格结构,建立其完全匹配用户的3D打印鞋底结构。

第四步:将选择前期调试好的3D打印所需材料,对鞋底结构进行打印。

案例二:中兴,3D打印中兴5G定制化个性手机壳

2019年5月6日,中兴发布第一部5G手机AXON 10 PRO,除了最受瞩目的5G之外,中兴推出的由3D技术打印的定制化个性手机壳也引起了人们的强烈关注。该手机壳是由国际知名三维设计品牌极致盛放Xuberance特别设计,由华港科技采用华曙高科自行研发生产的高效智能工业级3D打印生产系统403P系列及FS 3300PA尼龙粉末材料打印完成。

最为特别的是每个手机壳都有外观专利,属于3D打印的锁扣结构以及实用新型专利。在3D打印技术下,该手机有了以下三大优势:

第一,该手机壳造型复杂,且存在较多的活动设计,传统制造方式无法实现。但在3D打印技术下,复杂结构一体成形,且每个细节都非常完美。

第二,其所使用的华曙高科403P系列3D打印机一满缸可排包约200件造型各异的手机壳,只需30个小时就能完成,实现了定制产品批量生产。

第三,其手机壳材料是来自于华曙高科自主研发的白色高性能尼龙粉末材料FS 3300PA制作,耐用性高。同时,极致盛放和华港科技为该手机壳特地研发了染色专利技术,使该手机壳色彩鲜艳、色牢度高、无色差。

定制消费行业虽然发展得越来越好,但依然面临着一些技术问题,随着经济水平的提高、物质的丰富、信息的爆炸,用户对产品的要求越来越高。但是很多企业都无法满足他们的要求，即使可以，造价也非常高。而3D打印的出现解决了这一难题。

作用一：在不增加成本的前提下制造更复杂产品

就传统的生产来说，产品成分、形状越复杂，制造成本就越高。而在3D打印技术下，制造复杂产品所耗费的时间、技能或成本和简单产品并无不同。这就打破了传统的产品越复杂定价成本越高的问题，从而大大提高了用户的定制欲望。

作用二：在不增加成本的前提下制造多样化产品

一台3D打印机可以打印多种形状的产品，就像是手工产品一样，完全由制造者控制，而传统生产模式下，产品生产都实行标准化，一条生产线只能生产一样的产品，如果要增加样式，就要制造成本。3D打印机只需要不同的数字设计蓝图和新原材料就可制造不同产品。所以，用户不管有什么样的需求，只要有蓝图和材料，定制企业就可以满足，且无须增加额外价格。

作用三：使个性定制化产品的量产成为可能

在标准化生产时代，定制产品一般被理解为高端定制、手工定制，价格高昂，且无法量产。但在3D打印技术下，定制化产品的量产成为可能。比如用户要设计一款属于自己的手机，就可以直接通过3D打印机打印出来，数量由用户自己选择。而这种生产方式在标准化大批量生产时代是无法实现的，需要进行手机开模，成本费用极高。

作用四：实现实物化的提案沟通方式

当下定制企业与用户沟通，都是采用虚拟的效果图，比如CAD三视图、3D效果图。有些要求较高的产品，效果图确定后，进行尺寸缩小的塑料泡沫模型雕刻，以此检验实物产品是否合乎要求。但即使这样，也很难直观感受产

品体积、弧度和质感，在成品出现时难免出现偏差。而在3D打印技术下，就不会存在这个问题。只需要把电脑和一台小型家用或商用3D打印机连接，当设计师完成设计稿后，直接在3D打印机的另一端打印出精确的产品模型，就能保证产品的材质、结构、配色的精确度。

作用五：极大开拓产品的设计空间

传统制造技术以及工匠制造的产品形状有限，制造形状的能力受制于工具，因此即使设计师想设计出更有创意的产品，或者用户有更多的产品形状的需求，也无法生产。此外，就当下的生产工具，将不同原材料结合成单一产品也是一件难度较大的事情，所以产品的设计空间也会因此受限。而在3D打印技术下，是有能力突破这些局限的。只要企业或者用户想得出来，3D技术就能帮我们实现。

当然，3D打印技术在我国还处于初级阶段，定制企业中也只有部分企业拥有3D打印机，但是就现在的市场情况而言，3D打印技术成为定制消费行业的主流生产模式无疑是一种趋势。

四、AI，让企业比用户更了解用户

AI 的定义是："研究、开发用于模拟、延伸和扩展人的智能的理论、方法、技术及应用系统的一门新的技术科学。"它属于计算机科学的一个分支，该领域的研究包括机器人、语言识别、图像识别、自然语言处理和专家系统等。自 AI 出现后，理论和技术日益成熟，应用的行业也越来越多。

如手机 QQ 就利用 AI 深度学习实现了一键定制表情的功能。现在年轻人都喜欢通过表情包来沟通，比如"皮皮虾，我们走"的"暴漫"，被网友恶搞的尔康、雪姨，以及各种被玩坏的热门影视。这些表情包已然成为年轻人聊天必备的工具。QQ 为了迎合年轻人的沟通特点，使其在定制表情包上获得更好的体验，推出了 V7.3.5 版本，进一步扩大了"智图"功能测试范围，并对界面交互形式上进行优化：在对话框输入文字，点击对话框右侧"智图"图标，即可一键生成海量定制表情。如此，用户就能快速找到所需的定制包。相比于现成的表情包，年轻人更喜欢自己制作表情包。手机 QQ 对智图进行了优化升级：无须输入斜杠，就能一键生成动态表情包。

手机 QQ 强大的"智图"功能背后是人工智能技术的支持，通过精细化的多维度情感分析技术，自动生成斗图表情，并通过信息检索和推荐技术对

表情包进行排列,最大程度上保证表情和输入是最相关的,且用户是最喜欢的。

AI技术的功能是非常强大的,对于定制消费行业的作用更是不容忽视,其主要体现在以下几点。

1. AI解决个性定制规模生产问题

在传统工业生产模式下,个性定制是很难成为主流模式的,因为个性化定制和规模化生产之间的矛盾是无法调和的。但是随着科技发展,云计算、大数据、3D打印技术的出现,让个性定制实现了规模化的生产,而除了以上三种新科技,AI,也就是我们常说的人工智能也在其中起到了不小的作用。AI如何解决个性定制规模生产的问题呢?我们可以从服装行业的角度来了解一下。

第一,通过AI分析,深入挖掘用户习惯及用户特点,定制出符合用户需求的个性化产品。在服装行业,以往用户要定制服装,就要先告诉企业对服装款式的大致要求,然后企业再通过自己的理解,去揣摩用户需求,做出成本。此种方式不仅耗时长、费精力,且很容易出现理解偏差,最后的成品用户并不满意。但是,通过人工智能,当用户来到门店,就可以通过设置的摄像头为用户画像,然后分析其特点,比如年龄、着装风格,通过一系列分析,对用户有基本的认知,然后再去挖掘用户的个性化需求,这样就更容易理解。此外,通过识别用户的身体特征,也能给用户一些款式、颜色、尺码等个性化建议。

第二,通过人工智能形成个性化样板。当企业了解到用户的个性需求后就可以通过智能系统,把用户的身高、体重、肩宽、袖长、胸围、腰围等数据输入系统,形成个性化样本。再通过人工智能技术,让用户看到服装上身效果。人工智能下的个性定制方案比起传统的个性定制方案,更加智能、快捷、便利，同时还大大降低了如图 3-1 所示三个方面的成本。

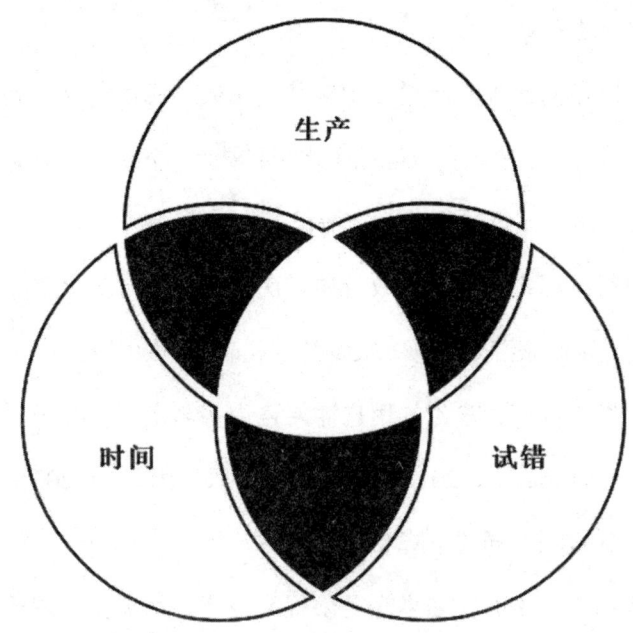

图 3-1 人工智能节省的 3 个方面的成本

第三，通过人工智能实现规模化生产。借助人工智能，采集庞大的用户信息，并对此进行分类，然后针对用户群设计个性化服装，如韩风、日风的服装风格，如此就能够打破定制产品难以形成规模的怪圈。

第四，通过人工智能实现潮流预测。通过人工智能可以深入分析和预测潮流变化，满足用户的需求变化。用户的个性需求受潮流的影响特别大，尤其服装业，通过人工智能，服装企业能更快抓住潮流趋势。日本早稻田大学，就已经出现依靠人工智能研究服装样式和流行趋势的案例。

2. AI 提升定制企业服务效率

AI 技术可以有效提升定制企业的服务效率，这一点在定制旅游行业尤其明显。

在定制操作上，以携程旅游定制平台为例，用户只需在 APP 上填好旅行

定制消费

需求及预算,携程的后台就能通过大数据和AI匹配定制师,在半个小时内为用户提供定制旅游方案。

但是,在以往的传统定制模式中,其效率低、成本高是定制旅游实施的难点。妙计创始人张帆表示:资源端采购到终端用户消费,定制游中间增加的利润成本超过30%,旅行社赚15%,携程要收8%,给门店也有10%。此外从询单到最终出行,用户平均要修改订单7次,成交率与转化率在5%~10%之间。这就是造成定制旅游效率低、收费高、利润低的原因之一。

同时根据携程统计,73%的用户需要咨询多名定制,且因供应商竞争原因,定制价格反而降低了,2017年国内定制游人均消费为3200元,同比下降20%;境外为7800元,同比下降8.2%。

而从成本和售价来看,如果企业要提高效率,就需要实现规模化。定制旅游企业是以人文为核心价值的企业,每个人的效率决定了生产利润。因此当业务增长无法抵消人效下降时,定制旅游企业就无法发展。而只靠人力是很难实现规模化定制游的。

因此,定制旅游企业纷纷利用AI+定制师的模式来提高效率。先用AI技术组合目的地碎片资源,再通过AI对用户要求进行筛选,初步生产旅游方案,再由定制师进行细化工作,简化原先冗长的销售流程,最后通过IT和大数据相关技术提高服务效率。

无二之旅联合创始人蔡韵表示:以往1个定制师1个月最多只能服务4~6组用户。而在AI的帮助下,90%的低效工作可以被AI取代,1个定制师1个月能轻松地服务50~70组甚至100组的用户。

五、AR 增强现实感，快速制造定制产品

AR，英文全称 Augmented Reality，中文译为增强现实，百度百科的定义为："通过计算机系统提供的信息，增加用户对现实世界感知的技术，将虚拟的信息应用到真实世界，并将计算机生成的虚拟物体、场景或系统提示信息叠加到真实场景中，从而实现对现实的增强。在视觉化的增强现实中，用户利用头盔显示器，把真实世界与电脑图形合成在一起，便可以看到真实的世界围绕着它。"

自 2013 年谷歌发布 Google Glass 以来，AR 行业受到广泛关注，但是因为技术原因，2015—2017 年间发展缓慢，直到 2018 年，随着 AR 关键技术：光学显示模块、计算芯片性能、SLAM 技术、5G 技术等的突破，AR 迎来了高速发展期，各行各业都在利用 AR 的增强现实特点，来提升产品体验。定制消费行业应用 AR 技术的更是不在少数。

耐克在定制鞋领域已经颇有建树，除了针对各个地区建设官网，对于新技术的使用更是炉火纯青。

如 2017 年 9 月，耐克在纽约举办了一场名为"Nike By You Studio"的特殊活动，之所以特殊，是因为它推出了一种全新的服务"Nike Makers'

Experience"。其实就是耐克鞋的定制活动。但与之前不同的是,以往从下单定制到收到鞋子,需要一个星期,而此次不到一个小时,用户就可以拿走现场自己设计定制的鞋子。

能让耐克的定制活动在时间上获得这么大的改变,主要的原因就是利用了 AR 技术。其 AR 定制过程如下:用户先穿上一双白球鞋,然后从四种预设好的方案进行设计选择,选择自己喜欢的图团颜色,还可以输入文字,如名字、时间、座右铭等,完成后,就会通过投影的方式映射在用户脚上穿的白色鞋子上,让用户感受到真品出来后的效果,如果不满意,用户可随时进行修改;最后,现场工作人员会根据用户提交的需求现场制作鞋子。

1. AR 在定制产品生产过程中的运营作用

AR 技术成倍放大了这些能力所创造的价值,除了能让用户提前看到定制产品的成品样式,它在定制企业的产品生产过程中还能起到不小的作用。

(1) 设计改进。AR 可以催化产品设计改进过程,让传统生产模式企业顺利过渡到以个性化和以用户为中心的电子生产模式。比如通过 AR 叠加功能,再配合 VR 的听觉、视觉和触觉仿真能力,让产品设计师可以制作接近于真品的虚拟样品。

(2) 质量保证。AR 在定制产品的实际制造的质量控制方面,有着重要作用。如汽车行业就已经开始利用配合 AR 眼镜和平板电脑,来检查第三方供应商部件的质量,以及在装配线上不同部件的位置。将 AR 辅助工具与工业相机和大功率投影仪相结合,产品基本信息就能直接显示在工作面上,由此产生的数字画面,让企业能够直接验证、确认装配顺利并制造零件。

(3) 维护提升。企业可以利用 AR 覆盖显示来查看生产机器的状况,能随时监测机器的使用情况,有问题时可以及时得到解决。

（4）远程协作。使用 AR 的远程协助功能，可以让不同地区的人员协同工作，以便快速排解定制产品在生产过程中产生的问题。

（5）智能仓储。大规模定制化企业，可以利用 AR 技术提高完成订单的精度和速度。因为 AR 技术可以实现更有效的标记、编码以及货流管理。

2. 绘制一张 AR 部署路线图

AR 技术在定制消费行业的应用，不止在生产制造过程，还包含了售后、销售、营销、人力资源等各个方面。随着 AR 技术的愈加成熟，应用的范围将更广泛。所以，每一家企业都应该绘制一张部署 AR 技术的路线图，以获得 AR 的助力。在部署时，企业除了要考虑技术问题，还需要考虑到所需要的组织能力。并不是所有的企业都有能力或达到部署 AR 技术的成熟条件。一般来讲，企业在部署 AR 技术时需要考虑以下三个问题。

问题一：企业需要哪些开发能力？每个 AR 应用都有自己的特点，所需要的企业开发能力也不同。但是大多数企业还是先从简单的入手。如宜家，IKEA 的 AR 的应用就比较简单，企业也只需要鼓励用户下载和引导用户使用 AR 应用即可，在硬件上的要求也不高，智能即可下载。

问题二：企业需要哪些 AR 硬件？瞄准大众消费市场的 AR 应用一般在手机上就可使用，充分迎合了智能手机的便捷性与普及性。但是对于复杂一点的 AR 应用，企业一般就要采取平板电脑，以便获得更大的屏幕、更好的图像以及更强的运算能力。但是平板电脑的渗透率低，用户随身携带的概率也不大，所以企业还需要具备能够现场提供平板电脑的能力。一些高价值产出的 AR 应用，如在汽车和飞机内使用，就要求要把专用的 AR 头戴显示设备应用到产品中，AR 头戴设备的购置成本并不低，一般的企业很难大量购置。

问题三：企业要采取哪种模式？一般分为软件开发模式和内容发布模式。

早期的AR应用一般是采取独立软件+数字内容模式，用户直接从手机或平板上下载即可。虽然这是一种简单便捷，且有可靠和高清的体验，但是要更改AR体验时，需要重写APP，瓶颈成本极大。如果是采取商业AR发布软件创造AR内容，并储存在云上，AR设备就能随时通过通用APP下载AR内容，就像是网站内容一样，无须对软件进行更改，只需更新内容即可，但要求企业具备内容发布的能力。

定制消费行业在发展过程中必然会遇到各种各样的问题，但是在挑战的同时，也能享受到新科技带来的机会，但前提条件是企业是否懂得利用它。AR技术的出现让产品体验、产品制造或是其他方面都得到了极大的提高，定制企业只要掌握住它，也必然能享受到它所带来的红利。

第四章
私人专享：极致的体验是定制消费成功的前提

　　私人专享是定制消费的最大特点之一，但是这个私人专享必须是建立在优秀的个人体验上，只有把定制产品或服务的体验做到极致，用户才能享受到真正意义上的私人专享。ISO 9241-210标准将用户体验定义为"人们对于针对使用或期望使用的产品、系统或者服务的认知印象和回应"。简而言之就是"这个东西好不好用，用起来方不方便"。因此，用户体验是主观的，且其注重实际应用时产生的效果。所以，企业如果想要让用户享受到真正的"私人专享"，就要在体验上多下功夫。

一、只有实现与用户的交互，才能把个性化体验做好

张瑞敏认为"顾客和用户是两个完全不同的概念。顾客是重点，是一次性的终点，而用户则是永恒，它在企业的这条路上永远走不到头，能为企业产生无数次销售，更确切地说用户是交互的节点。他全程参与设计，参与企业产品的研发、设计、体验，最后就变成用户的最佳体验。它永远和企业在一块儿，企业走多远，用户就陪着企业走多远"。

同时，张瑞敏还强调："任何不基于用户交互而发起的生产都应该被叫停。"这样的思路非常合理，但甚少企业会执行，因为大多数企业喜欢站在顶层设计产品，而不是基于用户的交互去设计产品。所以，这些企业设计出来的产品才不讨用户喜欢。定制消费企业更要做好与用户的交互，否则企业一直强调的"个性化体验"就是空中楼阁，或者是企业自己的想象泡沫，一戳就破。

1. 为用户搭建交互平台

既然要和用户产生交互，那企业就要主动出击，搭建一个让用户产生交互的平台。此外，企业也要为建立系统的交互机制，做好交互工作，利用好交互所产生的数据结果。这一点,海尔就非常值得学习。

海尔把所有与用户接触的触点都纳入交互平台。如微博、微信、百度、知乎、各类APP、论坛官网、用户电话中心、研发资源平台、模块商、众创意、海创汇、海尔自建销售渠道、海尔合作销售渠道都是用户的接触点。海尔对此进行了实时的监测,只要发表了与海尔相关的信息,海尔建立的口碑交互系统就会自动抓取纳入海尔的交互平台,并反馈给用户。同时,海尔全民皆客服,海尔的每个人都会参与交互,以达到"全流程零距离与用户交互、用户需求无障碍到达各业务单元"。

2. 避开交互所产生的垃圾数据,影响企业最终决策

在用户的交互过程中,避免产生大量的无用数据,虽然企业可以进行筛选提炼,但是这无疑会加大企业的成本,浪费过多不必要的精力,严重的反而会让交互失去应有的作用。所以,企业要做好防范工作,采取有效手段避免大量垃圾数据的产生。如果不能,那么企业宁愿不要和用户产生过多交互行为。为了避免这个风险,海尔做了两项工作:

第一,打造了交互宝。这个应用可避免挖掘数据时产生的大量垃圾数据,辅助海尔更好地洞察用户对产品的需求及想法。交互宝有几个核心功能:一是活跃用户雷达,让海尔能扎到较为活跃和愿意发声的用户中,邀请其参加海尔产品的交互;二是用户痛点雷达,对大数据进行挖掘和分析,以可视化方式把用户痛点传递给开发人员;三是用户兴趣雷达,基于产品销售数据得出用户兴趣分析结果,如在节能、环保、科技等方面的用户偏好。

第二,建立用户数据平台。海尔用户平台产生的海量用户数据,海尔为此建立了用户数据平台来进行统一管理。如此,就可以建立统一的规范,对用户统一认证,同时对用户形成唯一的识别。当海尔可以精准识别每个用户、每

个家庭及其所使用的产品之后,就可以为其提供更为个性化的服务,然后又反复交互,使为用户提供的交互平台更加精准。

3. 有效应用交互所产生的大数据,优化个性定制体验

企业与用户做交互的目的是什么?就是为了能获取大数据,而获取大数据的最终目的就是为用户的个性定制而服务,让用户在定制的过程中获得更好的体验。显然,在这一点上海尔也非常值得其他企业学习。

第一,用数据为用户创造更多价值。海尔的官方会员体系"梦享+"是核心海尔用户,为了能更好地服务这些用户,在对用户数据进行分析后,海尔与30多家企业进行合作,为"梦享+"的会员提供更加个性化且精准的会员服务。比如一位海尔高端品牌卡萨帝的会员,海尔就会对通过与该用户的多次精准交互产生的数据进行详细分析,为其推送更符合需求的会员权益,促使其进行多次的定制行为。

第二,用数据驱动业务。海尔数据平台对业务的主要服务在于通过数据分析进行需求预测,并在此基础上形成数据产品及个性解决方案。让用户无论出现在哪一个定制场合,海尔都能在正确的时间和地点,为其送去真正想要的定制产品或定制方案。

随着无限极致、快速迭代,定制消费企业发现即使自己提供了以用户需求为主导的定制产品,也无法避免产品越来越不讨用户喜欢的事实。为什么定制企业也会出现这种情况?因为,现在的定制行业已经从"以用户为中心"转变为"用户个性化",实现这个转变的关键就是企业与用户的交互。所以做好与用户的交互,应用好交互所产生的数据,是定制企业做好定制业务的重点工作。

二、全面打通用户接触点，在各维度上优化个性体验

用户触点实质上就是一切能给客户留下美好印象的地方，在这个过程中，任何一个触点出错，都会导致用户放弃定制产品的行为。但是大多数企业对此并没有明确的认知，让本应该是提高用户个性体验的地方变成了让用户拥有糟糕体验的地方。这就是一些企业做不好定制业务，个性定制企业极差的原因所在。消费升级时代，用户体验决定成败，用户会通过一系列的接触点来了解与感知某个产品和品牌，所以打通用户触点，做好用户触点的工作，对定制企业做好定制业务至关重要。

定制企业与用户触点相关的有三个，企业要先对此有了解，才能做好触点的打通工作。

触点一：与品牌相关

整个用户体验和品牌形象的塑造过程，都是触动面上用户触点的积累。因此，如要让用户获得最好的个性体验，就必须扎到水面下，对每一个触点进行优化。这一部分主要包含以下内容：

第一，塑造信任感。只有获得用户的信任感的定制品牌，用户才会进行

定制行为,这也是获得好体验的第一步。所以,定制企业首先要做的就是通过信任背书让用户相信自己。信任背书的方法有很多,企业可以结合实际情况进行选择。

(1)数据背书。用户在定制产品前一般都要看数据,就像是某个模块化产品的定制量、用户的好评量等。数据越好,用户的信任度就越高。

(2)口碑背书。如用户在网上搜索该企业的定制产品好不好时,网友给的答案是非常好,或者是询问亲朋好友意见时,对方给了肯定的答案。

(3)自媒体背书。官方微博、微信、软文都不能少,特别是一些测评文、评价文。

(4)创始人背书。创始人的个人品牌越好,粉丝的信任度就越高,比如马云。

(5)权威背书。比如一些专业机构给出的证明和数据。

(6)名人背书。如企业可以找一些明星、名人、网络达人来为自己的产品代言。

第二,线上线下都要重视。现在是互联网时代,定制业务的大规模展开,必须依靠互联网。定制企业要做好线上的工作,如开通公众号、微博、社区,多方面收集用户需求,然后针对用户需求提供最好的定制体验。但需要注意的一点是,线上的触点要做好,线下的触点也不能忽略。比如定制家具,如何在配送、安装、后期维护中为用户提供最好的体验,这也是定制企业需要重点考虑的问题。

触点二:与服务相关

服务的过程,其实是用户触点最多的过程,用户体验的好坏也是由企业的服务过程决定的。这一过程的主要触点有二:

第一,客服系统。用户在定制过程中必然会遇到各种各样的问题,当产生疑问时肯定会找客服进行解决,如果客服体验不好,就会影响整个定制过程的体验,最终导致定制企业的负面体验。在定制企业中,客服是除了设计师之外,唯一能够与用户直接沟通的岗位,良好的客服服务能给企业带来如图4-1所示价值。

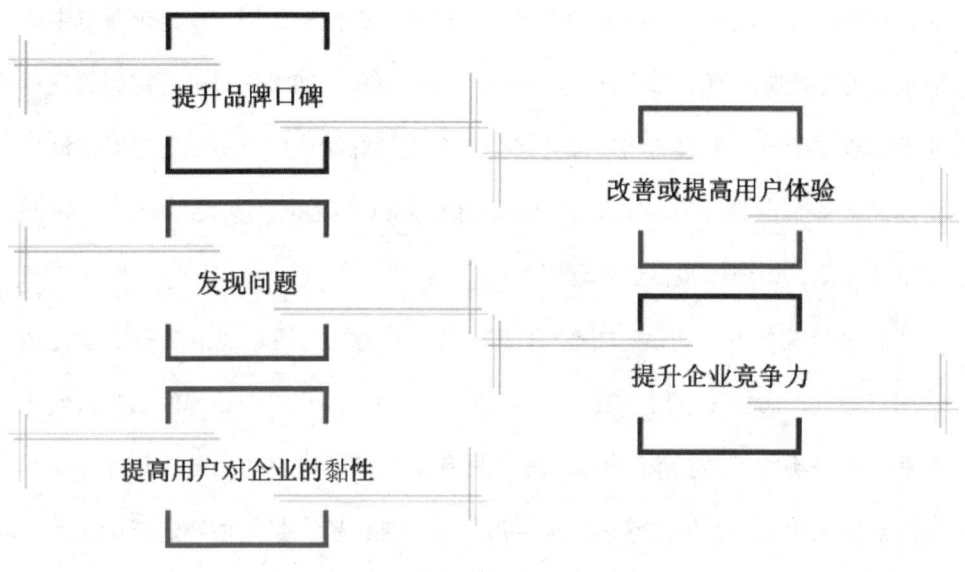

图4-1 良好客服系统带来的好处

第二,售后服务。现在,不管是价格还是产品,相同行业的定制企业其实都没有什么差距,可是对于每一个定制企业的用户体验,每个用户都有自己的感受。其中最深切的就是在定制产品使用过程中遇到问题时需要售后服务时,就能让用户把对每个定制企业的体验做出好坏的评比。所以,售后服务也是定制企业工作中的重中之重。

做好售后服务的第一步就是建立通畅的沟通渠道,并组建售后服务部门。如此,才能保证服务的及时跟进,才能对用户的问题做出快速反应。

第二步,通过开设服务热线,让用户有及时申诉的渠道,并保证一旦有

用户申说，工作人员就能在最短时间内查询问题产生的原因，评估维修程度，并与用户协商出解决方案，而后续的服务工作，如上门维修也能在最短时间内完成。这样的售后服务才能给用户最好的体验。

触点三：与定制渠道相关

用户进入定制企业网站或是APP进行定制后，必然就会产生多个用户触点，这也是优化用户体验的关键点之一。那么，如何保证用户在这个触点中获取最佳的体验呢？其实做好一点就行——方便流畅。如果用户进行定制的过程非常困难复杂，大多数的用户都会选择放弃。最好能让用户不用思考操作流程就能完成整个定制行为，也就是产品设计行业内所说的"傻瓜式操作"。定制过程越方便，用户体验自然就越好。

插座学院上有一句话："消费升级时代，不论线上还是线下品牌要学会经营用户触点，而每一个用户触点都是品牌的命门。用户对于品牌的认知转换比企业想象得更快。"定制企业也一样，只有全面打通用户的触点，并做好这些接触点的优化工作，才能给用户提供最好的个性体验，最终做好定制业务。

三、用持续的创新迭代创造持续的好体验

都说好产品是迭代出来的,实质上好体验也是迭代出来的。许多企业在推出定制业务时,可能就推出那么几个产品或者类型,但是用户的需求是不断升级的,而且随着用户定制行为的增多,对原有的定制产品也失去了新鲜感,久而久之就带来产品体验感的下降。所以,如果想持续维持用户对产品的好体验,企业就要保持创新精神不断对定制产品进行迭代。

2018年9月1日,国内权威市场调研机构中怡康发布家电行业最新市场调查数据,数据显示:"家电零售量整体负增长25%,其中第35周国内冰箱市场销售量11.4万台,同比减少22.5%,环比下降61.9%。8月份销售数据显示,海尔冰箱份额一举突破32%,这代表每3人就有1人选择海尔。此外,海尔冰箱1—8月销量占比30.8%,大概等同于第2、3、4名销量总和,同比增幅达到13.2%,是增幅最高的品牌。"

在家电材料上涨、家电行业普遍不景气的情况下,海尔却能获得如此佳绩,这与它持续的产品创新迭代工作分不开。比如在用户最为重视的保鲜领域,整合了全球优质创新资源,开发了全空间保鲜冰箱;为增强用户终端体验,首创家庭食材新鲜超市模块,让不同食材可以在冰箱中独立储存。海尔冰

箱一直走定制路线，以"与用户持续交互、为解决用户痛点"为核心进行产品创新迭代，这就是它成功的关键。

那么，如何才能做好迭代工作，保证定制产品的体验呢？可参考以下几点：

1. 确立迭代原则

在开始分析之前，我们必须确定一个原则，就是所有的迭代一定是由用户需求驱动的，这也符合定制消费的核心点"以用户需求为产品设计的原则"。但是并不是用户的所有需求都要满足，这要对需求进行取舍。如何取舍？这要从两种思考维度出发：一是从用户价值出发，就是分析基本型、期望型、兴奋型需求（这一点我们在下文会着重叙述），基本型需求要立刻解决，后来者可以重点选择几个来满足；二是从企业角度去权衡需求的商业价值，每个定制产品的优化对于商业价值的提升都是可以量化的，如果没什么商业价值，那就没有迭代的必要。

2. 科学设置迭代周期长度

一般情况下，产品的迭代都是以周为单位，每个周期为一到两周。但是相对于定制类产品而言，时间较短，以月为单位更为合适，如果是大件的定制产品，甚至是以年为单位。比如定制冰箱，因为生产过程化复杂，对其的创新和BUG修正操作难度较大，所以更适合以年为单位。所以，在设置产品周期时还是要看产品性质，而不是"拍脑袋就决定"。

3. 将信息传达落实到位

工作能落实到纸面上的就尽量落实，并让大家周知。比如，每次需求评审都是使用原型与文档辅助讲解；关于产品迭代的会议记录，整理后用邮件发给各个岗位的员工。如此，一方面避免了口头沟通容易遗忘的风险，帮助各员工记住重要信息，另一方面也可以借此对迭代流程进行规范，明确参与迭代工作的员工的工作内容与责任，防止出现问题时发生互相推诿的情形。

4. 及时跟进项目进度

对产品迭代部门工作的跟进，不等于要时时督促他们的工作，更不是整天追问："新推出的定制产品有哪些问题，解决了吗？""用户又出现了哪些新需求，我们现在推出的定制产品能满足吗？"这种方式只会让员工感到厌烦，从而影响迭代工作的进行。但是如果不监督，又会导致迭代工作产生问题时，自己无法发现。如何才能两全呢？可参考以下几点：

第一，把本周期内的需求逐条整理，归纳成一份列表，每天下班前在工作群内分享迭代进度，标注出当天该完成的需求完成情况，同时明确各项需求的责任人。

第二，绑定需求开发环境，实时跟进最新开发进度。如此，如果出现问题，就能第一时间获知并和团队成员沟通。

第三，建立应急机制。针对产品的迭代周期，企业要建立一套应急机制，比如寻找用户新需求工作没有如期完成，影响了下一阶段的新功能开发工作，此时是把工作重心放到新需求确定上，还是推迟新产品上线时间，企业要在最短时间内做出明确指示。

5. 根据竞争对手动态做产品迭代

"落后就要挨打"，企业在对定制产品进行迭代时，不能"闭门造车"，还要多看看外界的环境，看看竞品的迭代情况，是比自己落后，还是比自己进步，是否研发出了自己不具备的功能，并依靠此功能迅速占领市场，这些都需要企业时时关注。这一工作对提升用户的体验非常重要。因为如果竞品给了用户企业无法提供的体验或更好的体验，用户就会放弃自己而选择

竞品。

企业可以分析竞品的迭代历史，如果全面掌握了竞品的迭代历史资料，企业就能获得以下信息，并根据这些信息调整自己的产品迭代工作。

第一，了解竞品的产品方向与节奏。方向是指可以通过迭代史了解竞品增加的功能是什么，如此企业就能描绘出竞品所强调的核心流程与亮点是什么，进而判断出发展方向。

第二，了解竞品强化的点。比如可以通过竞品最近几次的迭代，了解竞品都不同程度地优化了哪一项功能。如此，就可以推断出竞争对手最近的业务重点，针对对方的这个业务重点，企业可以分析自己的产品是否有相应的功能，或者是否有相应的应对策略。

第三，侧面了解竞争对手的运营情况。其情况主要分为三种：一是资源情况。如果竞品几个月更新一次，对方可能存在资源不足问题；二是对方不够重视该产品，对产品投入不足；三是对方创新能力低，如果产品迭代都是围绕现有功能的小迭代，而没有突破性的大迭代，就可以判断出该竞争对手的创新能力不够高。

迭代，对于用户体验来说就像是一场生死战，只有持续地、正确地迭代，企业才能给用户好的体验，让用户持续地定制自己的产品，所以，这是一场持久战，企业必须要坚持到底。

四、在标准化下进行的个性化定制更有品质

"标准化"和"个性化"似乎是天生的一对矛盾体,前者刻板严谨、循规蹈矩,后者我行我素、标新立异。于是,就有不少企业产生这样的想法:"想要标准化生产,就要放弃个性化;想要个性化生产,就要放弃标准化。"而实际上,标准化和个性化是共存的,而且在"标准化下进行的个性化定制更能保证品质,且还能达到规模生产的目的"。

在标准化下进行个性化定制,其实已经有不少企业做到了这一点,比如维尚全屋定制。

维尚的前身是圆方软件,是一家专门为家具设计行业提供软件服务的企业。此外,为了给用户提供尽量多样化的个性选择,维尚把家具产品进行产品子模块的无限细分,子模块越多,个性化定制的元素越多,最终形成的产品组合就越多。为了实现标准化下的个性定制,维尚推出了"部件即产品"的理念,其内容主要包含以下几个方面:

第一,零件通用化,是指在同一系列甚至多个系列的不同产品中,将结构相似、尺寸相近的零部件进行统一,以标准化零件实现各产品零部件通用互换的目的。

第二,模块化设计,模块通常是以部件的形式出现,具有独立的功能与结构,有通用的接口,可在多个系列、多种产品上通用。

因为有来自圆方的软件资源,为标准化下定制生产的实现解决了许多关键的技术问题。比如终端店面与生产环节的无缝对接。当用户终端店面选择好家具后,订单就能直接通过电脑进入工厂的生产后台,软件可以直接拆单,如此便提高了生产效率。

第三,实施缓和排产方式。传统的生产模式如果面对完全不同规格的定制产品,一般只能对单间产品进行单独设计,这种生产方式效率低成本高,一般企业无法负担。而在维尚,当订单下工厂后,就可以实现数十个"拆单",同时根据每个家具零件生产相应的条形码,贴在相应的板件上,通过电脑指导员工按照用户个性定制的家具进行分类。通过外包物流发往用户所在地,然后维尚安装人员负责上门安装。

实质上每个企业都有自己独特的生产方式,但是不管如何实现,还要有一些前提条件,企业才可能实现"在标准化下实现个性定制生产"的目的。《供应链架构师——从战略到运营》一书中提出了以下几点建议:

条件一:搭建信息平台

搭建一个从用户到企业的信息平台,且这个连接要越直接越好,如此就可以减少中间的信息失真程度。如此,就要充分利用互联网工具及供应链技术来提升信息传递的销量。比如,可以采用 EDI 电子数据交换,把用户的需求信息与定制企业的 ERP 系统进行共享,实现企业供应上的 CPFR 协调计划,对库存内的各种零件缺失进行提前预测,如此企业就可以及时补货,减少了用户定制而企业没货的情况。此外,也能根据用户需求,储存较多的通用零件。

条件二：制造系统的降维与升维

判断一家企业是否能实现"在标准化下进行个性化定制生产"，只靠信息平台的搭建是远远不够的，还需要通过在制造系统中设置降维和升维的生产模式。

首先是"分解降维"，把复杂的需求进行逐层分解，知道分解成一个个可以标准化的零部件或是标准化的工作流程；然后进行"合并升维"，根据用户的需求选择不同的标准化零部件或是标准化的工作流程进行合并，如此就可实现在标准化下满足多样化的定制需求。

条件三：流程和服务的标准化

大多数定制企业在谈标准化时，一般都是把产品作为关注重点，而忽略了流程和服务的标准化。事实上，流程和服务才是重点。因为，定制化、差异化一般都体现在产品上，产品的标准化有时会带来产品体验的下降，没有一定研发实力的企业是很难实现的。但是流程和服务的标准化不仅更容易实现，还能提升用户在定制过程中的体验感。

对企业来说，按标准化进行定制产品的生产，确实更容易进行质量控制。比如家具行业统一标准的打孔方法，可以解决因人而异的局面，降低出错率。同时因为企业某些部分的标准化生产降低了产品成本。对用户来说，这种生产方式既满足了自己个性化的需求，又能获得较低价格的定制产品。所以，企业在标准化下进行个性定制产品的生产，不管是对企业还是对用户来说都是有好处的，这是一种双赢的局面，企业应该多多关注这方面的工作。

定制消费

五、小心雷区，别让个性定制变为糟糕定制

在提供个性定制产品或服务的过程中，如果没有避开雷区，就会让提高用户体验感的个性定制变成降低用户体验感的糟糕定制。如果踏到这块雷区，企业将遭受到不小的损失。要知道，网上流传着这样一个统计数据："74%的用户对标准化内容心生反感，得当的个性化则能让企业增加10%到30%的收入。"那么问题来了，什么是得当的个性化营销呢？个性定制的雷区又是什么呢？

雷区一：没有结合各种情况提供个性产品或服务

比如有一个提供个性定制的会员制购物网站，用户除了可以在该网站上购买产品，还可以根据自己的需要定制产品。为此，这个网站就给用户做产品推荐。某用户在这个网站上收藏了几款喜欢的定制鞋，于是网站给用户发了一封邮件，为用户推荐了几款可以定制的鞋子，就好像为这个用户专门开了家鞋店。该用户因为这个推荐的鞋子都是符合自己需要的，于是就购买了几双。但是过了两月之后，该用户又收到了一份网站的邮件，是根据以往的消费行为而推荐的鞋子，这些鞋子也依然符合用户的喜爱，但是用户并没有购买。没有其他的原因，不是用户不想买，而是用户当时不需要，因为当时已经是秋天，夏天购买的是凉鞋，此次网站的推荐依然是凉鞋，秋天根本就不需要。所以，当用户提供个性化定制服务方案时，不仅要考虑到用户的个性需求，还要考虑到当下的境况，比如环境、天气等。

雷区二：给用户提供的个性定制范围有限

有些企业虽然打着个性定制的旗号，但是为了降低生产成本，提供给用户的个性定制范围有限，甚至有些不需要多少技术含量，也不是用户的重点解决方案的个性定制。在这种情况下，用户根本无法解决自己的需要，满足不了自己的喜好。体验过个性定制的用户会给差评，表示再也不会有第二次，没有体验过的也会因此而选择放弃定制。但是即使知道这是个雷区，不少企业因为缺少资金支持，也无法进行有效改善。作为家具定制行业的领先品牌之一的尚品宅配和东方盛龙也无法避免这个问题。

消费者到尚品宅配的店内咨询，销售员会拿着 iPad 向其介绍已经设计好的家具样图，种类非常丰富，不过消费者只能按照自己的设计进行选择。对于是否可以按照消费者的要求进行设计，尚品宅配表示可以，但是因为担心制作不能完全符合消费者的要求，只能根据消费者提供的样图找最近的产品来配合。而东方盛龙也只提供衣柜定制这一项服务，如果想要定制其他家具，需要消费者先提供相应图片，设计师研究后再决定是否可以定制，即使可以定制，价格也会高出许多。

所以，企业如果想进一步做好个性定制服务，就一定要先解决定制范围内的问题，否则个性定制这项业务只会成为企业的鸡肋，"食之无味，弃之可惜"。

雷区三：价格过高，个性定制成为高端定制

定制消费虽然已经成为一种趋势，但是在大多数用户的观念中，"个性定制等于高端消费"，也是因为这个观点，用户止步在了定制消费门前。所以，

定制消费

企业如果想要吸引更多用户来定制自己的产品,就要打破用户的观念"个性定制不是高端消费,是高端体验!"但根据市场反馈,有这种意识的企业并不多。

这在家居定制行业尤为明显,不只价格过高,且市场价格体系非常混乱。相同用料定制产品不同企业每平方米的价差达到数倍,即使是同一企业所售同等材质产品,定制与非定制价格更是天壤之别。甚至,还存在不少企业在收取材料费、安装费等常规费用后还加收"非标费"等额外费用。

据了解,目前定制家具的计价结构主要分为两个部分:材料费 + 配件费,其中材料费占据大部分费用,而材料费中又以大块头的主材料费为主。但是有些企业在向用户报价时,只给出所谓的"最低"标配价格,也就是主材料价格,对其他材料及配件费用进行了忽略,直到订单完成时才会和用户结算,这就导致了定制家具的价格大大地超出了用户预期,让用户对定制家具产生了极差的体验感。

这一现象不只是在家居定制行业出现,在其他行业同样存在。所以,如果定制企业想要做好这项业务,除了要最大程度地降低"价格",使产品达到最高的"性价比",同时还要设计一套完全向用户透明的"价格定制体系"。

每个行业、每项业务都有自己的雷区,这是无法避免的。虽然无法避免,但企业一定要对雷区有充分的了解,能解决的就解决,不能解决的也要事先做好预防工作。

第五章 瞄准用户：深挖目标用户的隐性需求

> 定制消费是在用户个性化需求上产生的，企业要做好定制消费，就必须挖掘出他们的需求，且要做到精准。除了显性需求之外，还要找准用户的隐性及真实的一级需求，有时用户虽然提供了他们的需求，但是发现定制的产品还是无法完全解决他们的痛点，这就是因为企业找错了用户的需求点，或者找到的需求点不是用户的真实需求。

一、挖掘需求：要先了解什么是用户需求

定制消费的核心是什么？很多人都觉得我推出可以定制的产品，推出可以定制的服务就可以了。很多企业可能都说过，觉得定制消费产品没有什么东西，不就是搞一个网站或流程，让用户提供他们的需要，自己按他们的需求做就可以了，但实质上并不是这样。真正的定制消费思想并不是简单地提供定制产品或服务，也不是让用户主动提供他们的需求，而是在用户提供他们的需求之前，企业就先了解他们的需求。用户提供的需求可能更为具体化，更为细致化，而企业主动了解的用户则是更为标准化，更为系统化。因为只有这样，定制产品才有可能生产出来，也只有如此才能把定制产品做得更加符合用户的要求。而企业在挖掘用户需求之前，首先就要理解什么是用户需求。

1. 了解用户需求背后的真正答案

到底什么是真正的用户需求呢？我们先来看一个案例：

福特公司创始人亨利·福特做过一个用户调查："马车时代，你们需要什么？"大部分的用户都回答是我需要一匹跑得快、耐力好、身体强壮的马。按照这个用户需求，亨利·福特是不可能制造出汽车的，只能研究出更好的马。

但是，他对用户的答案并不是理解得这么表面，而是做了更深一步的思考:"用户需要一匹更好的马时,他到底需要的是什么?其实他需要的并不是一匹马,而是速度。"马只是用户认知范围内的一个产品,因为在用户的认知中,只有马才能让他们更快地出行,更快地移动。所以,"速度"才是用户真正的需求。所以,不要被用户的表面答案所蒙骗,一定要做进一步的思考。

2. 不是满足用户需求,而是更好地满足

又比如手机支付,这是在中国应用最广的高科技产品。支付解决的是付款的需求,但是这个需求一直都被解决了,现金、信用卡都能满足付款的需求。可是为什么手机支付出现后,人们抛弃了现金与信用卡?这是因为现金与信用卡解决得不够,还不能充分满足用户的需求。现金没带怎么办?现金容易丢怎么办?找零钱速度慢怎么办?信用卡经常透支怎么办?所以,手机支付出来了,让我们能更方便、更快捷地满足付款的需求。

其实,在如今这个时代。用户的需求其实就一个字"更"。更好的,更快的,更便宜的,更方便的,更好玩的。

我们用这个观点做验证:

新浪给了我们海量的新闻;

微信给了我们更丰富的通信社交;

抖音给了我们更好玩的视频娱乐生活;

淘宝给了我们更便宜、更丰富、更方便的购物体验;

……

毫不夸张地说,我们现在所看到的成功产品,都包含了"更"这个用户需求。所以,用户需求是一切的根本,任何成功的产品,一定是用户需求把握得好,失败的原因也是因为没有找到用户真正的需求,并满足它。

在做定制产品时,企业也要充分把握住用户对"更"这个需求的渴望,

用户并不是要求自己重新设计一个产品出来，而是定制一个更能满足自己、更懂自己、更能解决自己痛点的产品。就像是用户要定制冰箱，用户全程参与冰箱的定制过程，那用户是想重新设计一个冰箱出来吗？当然不是，他只是想这个冰箱的成品出来后，能解决自己冷藏、冰冻、分类的需求，或者是厨房空间合适的需求。

3. 通过用户需求来做产品决策

决定做什么，决定做还是不做，决定新产品上还是不上，一旦决策错误，就要浪费很多时间、人力、物力，产品决策是由需求所驱动的。要保证产品决策的正确性，企业需要从三个方面进行判断：

（1）需求的大小。什么是大需求？是指如果这个需求普通用户和目标用户都有并且高频，就一定是大需求，我们也称之为国民性的需求。

（2）需求的全程。比如购物，先要选择购物网站，选择完后去搜索，然后比较，再支付，然后进入物流环节，这个过程就是用户实现需求的全过程。企业要判断用户需求的全过程是否能够被满足，如果不能被满足，就是企业的机会。

（3）需求的原因。企业要了解用户为什么要购物，为什么要听音乐，为什么要打车，找到这些背后的原因，才是真正的用户需求。

4. 遵守用户需求定义的原则

在对用户需求进行定义时，企业要遵循以下三条原则：

第一，可以倾听用户但不要完全听从用户。通常情况下，我们在听用户表述他们的需求时，都会陷入到用户的思维中，下意识地就认定用户说的就是他们想要的，这会导致企业做出错误的产品决策。就像是我们提供定制产品时，用户说我想要定制一件衬衫，但是必须配上"脏话和暴力图案"，那么，此时你要完全听从用户吗？

第二，用户需要的不一定就是真正需求的。用户有时并不了解自己真正的需求是什么，所以可能会出现需求表述的错误。就像是定制衬衫一样，用户的这种需求表达并不是指他喜爱"脏话和暴力"，而是想表达他"不忿事俗，特立独行"的思想需求。

第三，解决方案不一定充分满足了用户需求。一些用户可能比较专业，产品理论丰富、思维逻辑清晰，直接告诉产品应该怎么做，系统该怎么设计，以达到他所想要的结果。但是，他们所提供的设计思路，可能执行后的效果并不理想。产品出来后，与用户的最初设想大相径庭。所以，企业在做产品时，一定不能只依据用户现成的解决方案去做，还是要有自己的想法。

比如我们去剪头发时，经常会告诉发型师怎么设计发型，怎么剪自己的刘海，要哪种颜色，但成品出来后，和自己的想象完全是两回事，此时你该怪发型师还是怪自己呢？这一点，定制行业更要注意。用户经常会根据自己的需求去幻想解决方案，如果只按用户的想法来做，在大多数情况下结果都会惨不忍睹。

二、找对目标：谁在为你的定制而消费

也许有不少企业都存在这样一个疑问："为什么我的营销力度这么大，产品这么好，定制体验这么优秀，用户转化率还是这么低呢？"根据分析，大部分企业的原因是在于找错了用户需求，而找错用户需求的第一个原因就是企业没有找到自己的目标用户群。你的产品用户不需要，营销再好、产品再好、服务再好，和用户又有什么关系呢？既然没有关系，用户就不会产生定制行为。所以，定制企业要找准用户需求的前提是，先找到自己的目标要求用户。

黑豆是日本一种特别冷门的农产品，日本人对它的需求很小，只在年节料理或配菜时才会用到，因而黑豆产品的销量并不高。但是一个名为井上敬介的日本农民的出现改变了这种现象。他通过建立网络渠道，让自家的黑豆售向全世界，成为年营业额2亿4000万日元，约1400万元人民币的产销农作物。因此，他还出了一本名为《一颗黑豆卖遍全世界》的书。在书中他讲述了自己成功的经验，其中最重要的一条就是"找到自己的目标用户群"。

井上敬介表示："在开店之前，一定要找出真正渴望购买的人，以及可能会不断购买的客户，对于客户的描述要非常精准详细，让人看到就是'那一位客户'。"

第五章 瞄准用户：深挖目标用户的隐性需求

比如井上敬介对自己的黑豆农园的目标客户的描述是这样的："她是48岁的主妇，家中有一位儿子，丈夫在公司上班。因为儿子已经慢慢开始独立，她想做自己想做的事，她的兴趣就逐渐变成网络购物。学会上网之后，她家里的产品都是从网上买的，包括黑豆。而直接从原产地购买黑豆，让她产生了一种优越感，可以自豪地对同是家庭主妇的朋友炫耀，'这些黑豆是从丹波买的'，从而开始讲述关于丹波黑豆的知识。"

对用户的描述真要这么精准吗？其实在一定程度上是需要的，因为可以帮助自己找到最精准的客户。也许用户群定位得宽泛一点，可以吸引到更多人，但是这些人有很大一部分并不是有需求的人，产生的消费行为少之又少。精准定位用户，也能节省企业营销的成本。

井上敬介黑豆成功销售的原因之一是他找到了自己的目标用户群，定制企业如果要想获得成功，让自己的定制业务得到发展，也要如他一样找准自己的目标用户群。企业可以利用用户画像来了解谁在为自己的定制业务埋单。那么现在我们来具体阐述一下，用户画像是如何帮助我们找到目标用户的。

1. 了解用户画像的相关概念

用户画像又称为用户角色，是一种描述目标用户、联系用户诉求与设计方向的工具，在各领域得到了广泛的应用。在大数据时代背景下，用户信息充斥在网络中，把用户的每个具体信息抽象或者标签，利用标签把用户形象具体化，从而为用户提供有针对性的服务。

行业内有个共同认知，用户画像包含了PERSONAL八大性质：

（P）Primary：基本性。是指用户角色的建立是否是从对真实用户的情景访谈而来。

（E）Empathy：同理性。是指企业对用户角色的描述，是否能引起其他用

户的认同，让其产生"我确实是这样的"感受。

（R）Realistic：真实性。是指企业所建立的用户角色是否像真实的人，而不是不存在现实世界的虚拟人物，其描述让人产生现实世界中有这样的人存在。

（S）Singular：独特性。是指企业所建立的用户角色是否是独特的，与其他企业建立的用户角色彼此之间很少有相似性。

（O）Objectives：目标性。是指该用户角色是否涵盖与定制产品有关的高层次目标，描述时是否包含了关键词。

（N）Number：数量性。用户角色类型的数量是否足够少，能否让企业记住每个角色的相关概念。

（A）Applicable：应用性。企业能否通过用户角色来设计产品。

（L）Long：长久性。贴在用户角色身上的标签是否不易变化，能保持长久。

2. 掌握用户画像构建的三大方法

用户画像的构建方法主要分为三种：

第一种：定性用户画像，其步骤可归纳为三步：访谈用户获取数据，细分用户群，建立细分用户群的用户画像。该方法的优点是简单易操作，省时省力，没有特殊专业技能要求；缺点是缺少数据支持与验证。

第二种：经过定量验证的定性用户画像，其步骤可归纳为四步：访谈用户获取数据；细分用户群；定量验证细分群体；建立细分群体的用户画像。优点是经过定量验证工作，有数据支持，比较可靠，但需要少量专业人员辅助；缺点是工作量大，成本高。

第三种：定量用户画像，其步骤可归纳为五步：定性研究；多个细分假说；通过定量方法收集细分数据通过统计的聚类分析方法来对用户进行分析；建立细分群体的用户画像。优点是有科学、丰富的数据支持，需要大量专业人员操作；缺点是工作量大，成本高，小企业很难执行。

创建用户画像的方法并不拘于哪一种，还是要根据定制企业的实际需要和时间及成本等因素来选择。

3.掌握用户画像构建的三个基础环节

用户画像的构建过程可以归纳为三个基础环节：

环节一：数据采集。采集与用户相关的所有数据，其数据可以分为两个类型：一是静态数据。如人口属性、商业属性、消费特征、生活形态；二是动态属性，是指行为数据，比如用户打开某个网页，购买了某件产品，观看了哪个视频，阅读了哪篇文章。

环节二：目标分析。是指通过分析用户行为伪用户打标签，以及设定该标签的权重。标签表明了用户的兴趣、偏好、需求；权重则表明了兴趣、偏好、需求的指数。

环节三：数据建模。用户的每一次行为其实就是一个事件，可描述何种用户在何时何地做了何事。通过这个数据模型后，用户的画像就出来了。

有一句话是，千万人撩你，不如一人懂你，换句话说就是：真正地了解用户，才能得到用户，找准用户是了解用户的前提，而用户画像能帮助企业完成整个目标。

定制消费

三、需求采集：找到大量的用户需求数据

定制企业确定谁在为我们的产品消费后，下一步的工作就是采集用户需求。所谓巧妇难为无米之炊，如果需求采集没有针对性，没有科学方法，没有庞大基数，没有典型目标，没有整理根据，随随便便做了一下数据集合，再牛的产品经理也无法分析出用户痛点在哪儿或者说找到准确的用户痛点。

海尔的定制冰箱服务之所以能够做得越来越好，就是因为它用户需求收集的工作做得好，调查问卷就是海尔收集用户需求数据的最有效方法之一。现在我们就来看看，海尔的调查问卷的具体内容：

海尔调查问卷

问卷编号：

您好：

我是×××访问员，正在进行一项有关海尔方面的问卷调查。耽误您一点时间，希望您能配合我们的调查，并提出您宝贵的意见和建议。谢谢！

访问员保证：我保证问卷所填资料，均由我依据规定填写，内容客观、真实，若有一份作假，我填写的全部问卷作废，并赔偿因此而产生的损失。

访问员姓名　　　　　　访问员编号

联系电话

访问时间：2013 年　月　日　时　分至　时　分

1. 您是否使用过海尔产品？

□是　　　□否

如果您是海尔用户，您现在选择海尔产品的原因是（多项选择）

□产品质量过硬　　　　□产品具有个性化

□服务周到　　　　　　□企业形象好

□广告、公关做得好　　□人员素质高

□价格合适　　　　　　□其他（请写出）

2. 您对海尔产品的看法是？

□非常满意　□满意　□一般　□不满意　□非常不满意

3. 您对海尔星级服务的看法是

□非常满意　□满意　□一般　□不满意　□非常不满意

4. 海尔称自己是"卖信誉不卖产品"，对此您：

□非常相信　□相信　□一般　□不相信　□非常不相信

5. "我是海尔的忠诚用户"，对这句话您

□非常同意　□同意　□一般　□不同意　□非常不同意

6. 在以下家电品牌中，请排出您认为前五位的品牌

□长虹　□春兰　□海尔　□澳柯玛　□海信　□格力　□美菱　□美的

□LG　□TCL　□新飞　□华宝　□伊莱克斯　□东芝　□索尼　□三菱

□松下　□科龙　□其他（请写出）

7. 您买家电时，对下列因素重视程度如何（请在相应的位置打钩）

因素	非常重视	重视	一般	不重视	非常不重视
价格					
品牌声誉					
服务					
产品质量					
产品款式					
其他（请写出）					

8. 您认为海尔今后应在哪些方面努力？（多项选择）

□提高知名度　　　　　□树立国际品牌

□提高产品技术含量　　□增加产品种类

□加强星级服务　　　　□扩大规模，进入世界500强

□提高资本运作能力　　□其他（请写出）

9. 您的公司从海尔应学习的方面有（多项选择）

□成本控制　　　　　　□质量管理

□广告策略　　　　　　□企业文化建设

□市场营销　　　　　　□国际经营

□品牌塑造　　　　　　□技术创新

□星级服务　　　　　　□产品个性化

□其他（请写出）

10. 您认为海尔主要存在的问题是（多项选择）

□产品质量并不好　　　□产品过于庞杂

□盛名之下，其实难副　□核心技术创新不够

□服务尚有漏洞　　　　□广告炒作过度

□信誉不好　　　　　　□资本运作能力欠缺

　□其他（请写出）

11. 海尔是一个（　　　　　　　　）的企业。

12. 海尔品牌是一个（　　　　　　　　）的品牌。

13. 说到海尔，您会想到什么？

14. 您的年龄

　□20—25　□26—30　□31—35　□36—40　□41—45　□46—50
□51以上

15. 您的教育程度

　□高中或高中以下　□大专　□大本　□硕士　□博士

16. 您家庭年平均收入是（不记名）

　□1万—5万元　□5万—10万元　□10万—15万元　□15万—20万元
□20万—25万元

　□25万—30万元　□30万—35万元　□35万—40万元　□40万—45万元　□45万—50万元

　□50万—55万元　□55万—60万元　□60万—65万元　□65万—70万元　□70万元以上

再次感谢您的合作，您填写的答案将是我的重要参考资料！

1. 选择合适的用户需求采集方法

确认目标之后，就要确定用户需求采集的方法，每个方法都有自己的特点，企业需结合实际情况做谨慎选择。当下市场最常用的包含以下几种：

（1）问卷调查。属于定量分析方法，企业根据设定目标合理设计问卷，可以用于调查用户的需求及满意度。优点是调查结果便于统计和分析，涵盖范

围大、高效率低成本。缺点则体现在三个方面：一是问题有限，无法深入用户深层次需求，分析时还要结合定性分析法，才能分析出较为正确的用户需求；二是开放性问题有限，无法引发用户的深层次思考；三是调查目标人群选择错误或是问卷设计不够完善，容易造成需求分析结果不可用，更甚者引导企业错误地定制产品开发方向。

（2）深度访谈。属于定性分析方法，邀请用户上门，进行面对面交谈，通过向用户提问，获取用户答案，从用户的答案中获取用户想法。优点是能够深入了解用户的需求；缺点体现在三个方面：一是资金成本与时间成本较高；二是调查样本基数如果不够大，就无法得出定性需求；三是企业的观点可能会对用户做出错误引导，用户给出错误答案。

（3）可用性测试。是指让一群具有代表性的用户对产品进行操作，然后企业工作人员观察、聆听、记录用户的操作过程以及操作感受。优点体现在三个方面：一是能够快速了解产品的不足之处；二是快速明确企业对产品预想和用户对产品理想的不同；三是快速验证产品的核心功能，从而快速完成产品迭代。缺点是用户的具体表现可能没有表现出他们的真正需求，从而增加企业的调查成本。

（4）热点图分析。属于观察法，是指通过观察用户使用产品时的点击行为，从中提炼用户需求。优点是较为简单快速，尤其是在做一些新功能的迭代时的AB测试中效果最好。缺点则是信息有限，无法提取深层次的信息。

（5）各渠道用户反馈信息。一般来自于社群论坛、企业网站、微博知乎等地。优点是专业人士和资深忠实粉丝出的建议价值大。缺点是信息量大，筛选分析成本较高。

2. 掌握大致的用户需求调查流程

我们以调查问卷方法为例，用户需求调查的流程大致如下：

第一步：确定调查目的，其分为三个部分的内容：

第一部分，确定用户身份和需求。具体内容如下：①确定目标用户，了解目标用户的基本特性和需求；②企业推出的定制产品是否能解决用户需求，如果能，是否解决了全部问题，哪些解决了，哪些没有？③用户是如何使用企业的产品的？

第二部分，运营推广。具体内容如下：①优化市场、运营工作的情况如何？②企业的产品推广模式如何，是如何让用户接触企业产品，并产生交互；③企业的产品市场情况如何，如行业现状、竞品分析。

第三部分，产品盈利。①如何才能促进用户采取定制行为，怎样才能提高客单价；②用户对产品还存在哪些不满意？③希望增加哪些功能？

第二步：设计调查问卷。每个企业的调查问卷大纲内容都有自己的特点，也并没有特定的格式，但是有几大原则确实需要共同遵守的，如此设计的调查问卷才是有效的。其内容如下：

（1）问题要紧紧围绕调查目的；

（2）问题由浅入深，敏感性的问题不能放在前面；

（3）采取封闭式提问，以选择题的方式降低用户参与门槛；

（4）问题提问要合理，并简单化设置；

（5）问题10个以内，时间控制在一分钟之内；

（6）最好能留下联系方式，以方便日后进一步调查；

（7）不要带有倾向性、引导性的问题。

第三步：执行调查工作。

执行调查工作的重点是看是否吸引到真正的目标用户接受调查。这一点小米的做法就值得赞赏，先建立一个社区，把目标用户吸引到社区中，日常与

群友互动，为其提供帮助，获取群友信任。在收集需求前，先适时分享相关信息，让用户有初步的了解，然后再引导用户做需求调查。除了建立社群，也可以制造相关内容发布到不同渠道来吸引目标用户参与调查，比如微博、微信、QQ等途径，但要注意内容要和吸引的有某一需求的人相关。

　　需求数据采集是获取精准用户需求的关键点，所以，对这个工作，企业一定要重视，掌握相关的方法技巧，针对不同情况选择合适的调查方法，为日后的需求分析工作做好充足的准备。

四、深入分析：结果准不准就看方法对不对

收集完用户需求的数据信息，下一步就是分析数据，找出用户需求。企业能否准确地判断出用户需求在很大程度上关系着产品的成败，对用户需求分析是设计定制业务最重要的环节。但是，如何才能准确地分析出用户需求呢？这就需要掌握专业的理论方法。一般情况下，企业可采取以下两种方法对所收集到的数据进行分析。

第一种：马斯洛需求层次理论

马斯洛需求层次理论是美国心理学家亚伯拉罕·马斯洛在《动机与个性》中提出来的。该理论把人类的需求分成五种，分别是生理需求、爱、归属、尊重和自我实现五种，依次由较低层次到较高层次排列。马斯洛需求理论简单地说就是："假如一个人同时需要食物、安全、爱和尊重，这种情况下其最强力的需求是食物，其他的则无所谓。因为此时人的意识已经全部被饥饿所占据，人体所有的能量都被用来获取食物了。在这种生存环境下，人生的全部意义就是吃。只有在生理需要被充分满足时，才会出现更高级的、社会化程度更高的需要。"这和中国的古话"仓廪实而知礼节"的意思差不多。

实质上，除了五层次需求以外，马斯洛在晚年时还提出一个七层次需求理

论,在五层次需求基础上增加了认知和审美需求(见图5-1)。前者是指对人对事物变化有所理解的需求,比如通过阅读书籍了解未知事物;后者是指欣赏身边的美好事物并希望周遭事物有联系、有结构、顺自然、循真理、能满足自己的需要。相对五层次需求,七层次需求理论更适合用于用户需求分析(见图5-2)。

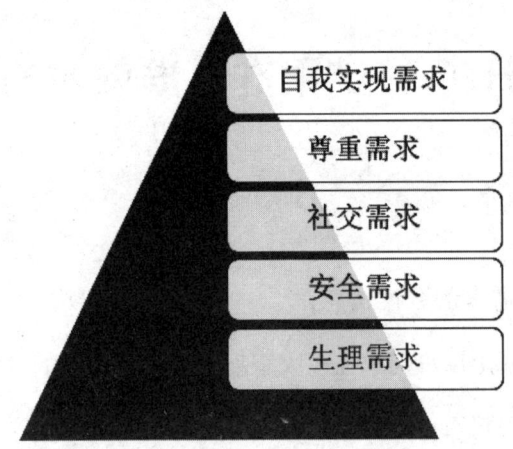

图5-1 马斯洛五层次需求

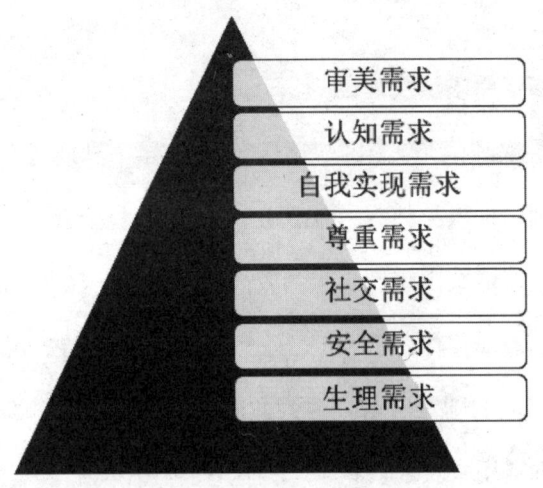

图5-2 马斯洛七层次需求

我们先看看这七层次需求是体现在哪些产品上:生理需求:外卖类产品、购物类产品;安全需求:理财类产品;归属和爱需求:社交类产品;尊重和自我实现需求：游戏里的排名、直播的打赏、点赞等；认知需求：各种内容付费产品；审美需求：各种定制类产品。

为什么说定制类产品满足了用户的审美需求呢？因为现代的用户处于物质大丰富时代，标准化生产的产品已经难以满足他们，他们希望有更好、更符合自己需要的，自己认为更好的产品，定制类产品正满足了用户的这类需求。

不过需要注意的是，定制企业在分析马斯洛需求时，要结合多种需求。可以这么理解，先从收集的数据中分析，你所针对的目标用户的需求是处于哪一种，生理、安全还是归属和爱，比如是安全需求，那企业就可以推出理财类产品来满足用户这一需求。但是还要分析用户是否不满足于大众化的理财类产品，希望能有更适合自己的，能让自己获得更好的财产安全体验的产品。如果是，那就在理财类产品的基础上推出定制理财产品。

这一点上，我们可以向支付宝学习。为了满足用户的安全需求，支付宝推出了余额宝理财产品，比银行储存更高的利息充分满足了用户想获得更多收益的理财安全需求。但是随着余额宝推出时间越长，用户已经越来越不满足这种"呆板"的钱生利理财体验。在洞察用户需求的基础上，支付宝在余额宝的基础上又推出了"花一笔攒一笔""工资理财""心愿储蓄"等产品，每个产品都可以根据用户的财务情况以及自身需要进行设计。

比如"心愿储蓄"。首先，用户可以根据自己的需要选择一个心愿，比如计划去旅行，然后再选择旅行需要完成的金额；再选择完成时间，比如6个月还是12个月；最后选择每月一次性储存多少钱，还是一周存储多少钱。这些设计让用户可以按需设计，充分提高了用户参与该定制产品的积极性。

第二种：KANO 模型

KANO 模型是由京东理工大学教授狩野纪昭（Noriaki Kano）提出的，是一种用于对用户需求分类和优先排序的工具，它体现了用户需求满足程度与用户满意之间的非线性关系。根据不同需求与用户满意度之间的关系，可以把用户的需求分为五个类型。我们现在就从一款定制手机的角度来分析，定制企业把它运用到自己的定制业务中。

类型一：基本需求。是一种最基础性的、最理所当然的需求，也就是用户认为必须要有的功能，比如拍照。在这个需求上，如果有，用户感到满意，但不会有多大惊喜，但如果没有，用户绝对会非常不满意。企业可以分析你所收集的需求数据中是否存在这一种需求，这种需求你必须满足。一旦用户的基本需求得到满足，用户的满意度自然就会提高。就像是手机的拍照功能，如果手机刚出现时，手机拥有拍照功能，绝对能让用户惊喜，但是现在拍照已经是绝大多数手机的标配了，像素还越来越高，用户对配置了高像素相机的手机已经习惯了，如果在拍照功能上没有太大突破，用户的满意度是不会提高的。

类型二：期望需求。用户希望提供的产品服务比较优秀，但并不是必需的产品属性或服务行为。比如手机的拍照功能，用户希望能拍得更远、更清楚、像素更高。期望型需求在产品中实现得越多，用户的满意度就越高。企业在分析用户需求时，看看还存在哪些期望需求，然后尽量满足它的用户需求。比如手机除了拍照像素更高，用户还可能期望手机运行速度更快、内存更大、更智能。

类型三：兴奋需求。在某种程度上期望需求的升级版本，互联网行业内常提的名词"超出用户预期"以及"挖掘表面需求背后隐藏的需求"，就是指期望需求与兴奋需求的关系。企业要给用户提供一些完全出乎意料的产品属性或服务行为,超出用户的预期,让用户产生惊喜。这类需求如果不满足,用户就会不满意,如果满足了,其满意度就能得到极大提高。比如用户定制一款手机,它提出了像素、机型大小、机型外观、内存等方面的个人需求,但是如果企业此时给用户增加 NFC 功能,原定制手机是没有这款功能的,用户也没有提出这项需求,那么用户在收到手机时就会感到非常惊喜,从而提高对产品的满意度。

类型四:无差异需求。是指有没有都无所谓的这部分需求,不管是提供还是不提供,对用户的满意度都不会有多少影响。也就是说,这类需求,企业即使不满足,也无所谓。不过从成本角度看,这类"多余动作"企业还是尽量不要去做。比如企业给定制手机增加了一个可以缩小操作页面的功能,但是因为用户已经提出了对手机大小的需求,手机的尺寸完全可以一手操作,企业再增加这个功能完全没什么用,用户根本不会去操作,反而让企业负担设计这个功能的成本。

类型五:反向需求。反向需求是无差异需求的升级版,是指用户没有此类需求,用户提供这类服务之后,用户满意度没有增加反而会下降。比如用户对定制手机根本没有盲人模式的需求,但是企业给该手机增加了这一功能,然后用户在使用时经常在无意识的情况下就切换到盲人模式,妨碍了对手机的操作。在这种情况下,用户不但不会觉得这个手机功能多强大,还会觉得这手机性能真差!

所以,对于这五种需求,企业要采取不同的策略:

(1)期望需求。用户应该在这些功能上投入大量资源,因为它是获取用户与留下用户的关键,也是定制企业提高竞争优势的有效手段。

(2)基本需求。在基本需求得到满足前,要投入大量资源,得到满足后,

就无须投入太多资源，只要够迭代优化即可。

（3）兴奋需求。可以大量投入资源，但需建立在不牺牲用户期望和必需功能的前提上。这类需求的满足是建立用户忠诚度与口碑的关键。

（4）无差异和反向需求：要把资源投入到识别这些功能上，看看哪些原有功能是属于无差异和反向需求的，以避免浪费更多资源以及进一步降低用户满意度。

抓不抓得准，是企业做好定制业务的关键，所以企业在执行定制业务，推出定制产品之前，一定要先分析出用户需求，然后在此基础上推出让用户满意的定制业务。

五、筛选真伪：你知道吗？用户也会撒谎

企业是否常常遇到这样一个问题，明明是根据用户需求推出的定制业务，为什么用户还是不跑去买成品？造成这个问题出现的原因，是因为企业分析出来的需求是伪需求，不是真实的需求。此时，也许企业又会产生这样一种疑问："我都是针对目标用户做的调查，是用户亲口说出的需求，怎么就是伪需求了呢？"其实企业不知道的是，用户有时候也会撒谎，或者说用户在他不知道的情况下向企业"撒了谎"。

比如某家音响公司在设计音响外观颜色时进行了用户需求调研，询问用户喜欢什么样的颜色，用户的答案五花八门。

用户 A：红色，够炫酷！

用户 B：黄色，够温暖！

用户 C：绿色，够环保！

用户 D：粉红，够可爱！

用户 E：金色，够亮眼！

……

调研结束后，工作人员让用户挑选一款音响作为纪念品，结果大多数用

户都选择了黑色音响。原先给出红色、黄色、绿色的用户都选择了黑色音响。

这个案例正巧说明了"用户也会撒谎"。因为用户当时说出的直接需求可能带有主观色彩、个人情绪。比如有些人喜欢红色所以觉得红色好，有些人喜欢红色，但是因为遇上"男朋友结婚了，新娘不是我"的事件导致心情不好，觉得红色碍眼，就说了白色。如果企业不能辨别出需求的真假，那么产品失败的概率将非常大。

那么如何辨别真伪需求呢？可参照以下的过程：首先，筛选掉不用的需求，其次，对要做的需求做进一步的提炼；最后，对提炼过的需求进行优先级排序。之所以要有这样的过程，原因有两点：一是如果对不做的需求提炼排序，就是做无用功；二是对未经提炼的需求进行价值评估和优先级排序，其得出的结果误差性较大。其具体操作过程如下：

阶段一：筛选

其需要考虑四个因素：

一是真实性。①要保证是目标用户的需求；②不要认为用户说出的需求就是真实的需求。

二是一致性。产品是为每一类用户去做的，而不是为每一个用户去做的，所以在考虑需求要符合产品定位及需求的覆盖面要足够大两个问题后，还要通过考察用户需求与企业的战略定位、产品定位、目标用户的一致性，过滤掉与产品方向不一致的需求。

三是价值性。①需求带来的价值是否足够大；②要满足这个需求企业要付出多少成本；③需求的投入产出比如何。

四是可行性。是指该需求应考虑企业现下的资金实力和技术是否能够实现。根据这一因素，过滤掉超出企业实现能力的需求。

阶段二：透视

可分为3个方面：

（1）表面需求：是指用户想要的，如用户想要一匹跑得快的马，但是如果根据这一点来设计定制产品，很容易出现误差。

（2）本质需求：是指用户真正需要的，是用户想解决的根本问题。用户希望一匹跑得快的马，其实是想解决速度的问题。

（3）产品需求：是指企业所能给的，根据本质需求，得出更好的解决方案。只有找出用户的本质需求，根据这一需求来设计定制产品，定制产品才会得到用户的喜爱。

阶段三：排序

主要有十个考察维度：

维度一：场景，是指在哪些场景下用户会和目标产品产生接触；

维度二：行为，是指用户在使用产品时的行为表现；

维度三：动机，是指用户是因为什么产生使用产品的行为；

维度四：痛点，是指用户在产品使用时或者工作生活中常常遇到的问题，且还未解决的；

维度五：频率，是指用户的需求在单位时间内出现的次数，需求频率越高，真实需求就越高；

维度六：强度，是指用户需求的强弱程度，强度越高，越是真实需求。强需求有三大特性（见图5-3）；

维度七：偏好，是指用户更喜好哪些产品，受个体影响较大，如果没有大量样本，效果不大；

维度八：想象，是指用户对产品的想象，现实产品是否符合用户想象；

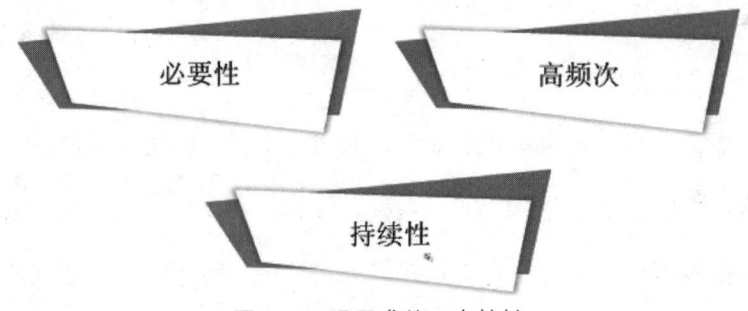

图 5-3　强需求的三大特性

维度九：期望，是指用户对产品的期望是什么，希望产品能达到什么效果，解决自己什么痛点；

维度十：建议，是指用户对产品改进优化的建议，但是这类建议如果不是专业人士或资深忠实粉丝，则意义不大。

考虑这些维度后，就要设置雷达图。具体操作如下：

第一步：给维度设置分值，一般是以 1~10 分进行打分；

第二步：设置各维度的权重，计算出各维度的最终分值，根据分值制作雷达图；

第三步：设置维度平均值，制定出阈值，也就是雷达图的面积需达到多少才能算真需求，否则是伪需求；

第四步：计算雷达图的面积，用雷达图面积对比阈值，判断真假需求。

有时候用户的需求真假难辨，企业很容易被迷惑，所以一定要掌握足够多的理论，学习足够多的技巧，练就一双火眼金睛，揭开伪需求的真面目。

第六章

深度参与：让用户全程跟随定制活动

> 一个产品，从想法到研发再到销售，每一个环节都与用户息息相关，满足用户需求，为用户提供某种服务或价值。大多数企业在做产品时都会站在用户的立场去思考问题，但毕竟企业不是用户，考虑问题时还是偏主观。而主张用户参与感，是指产品生产的每一个环节都要有用户参与，让用户为产品提供优化建议，使其有主人翁的感觉。只有如此，用户才能对产品更加喜爱，对品牌更加有黏性。

一、只有让用户参与，定制产品才能做得更好

什么是参与感？或许我们也可以这么理解："参与感是指在产品或服务的生产或者传递的过程中，用户需要提供相应的活动与资源，如心理、时间、情感、行为、知识、经验等，才能顺利享受服务的感受。"不管我们是如何理解参与感的，这个概念的关键点在于：参与感是让用户从单纯的享受者变成了生产者。

也许有些定制企业会认为，"让用户依照自己的需求来定制产品就是提供参与感了"，这是一个小小的环节，还远远跟不上"为用户提供参与感"的程度。

参与感重要吗？当然！微软在 PC 时代获得了巨大的成功，本以为在互联网时代凭借自己企业的实力也能无往不利，但实际上却遭遇了不少的挫折。当时微软的管理者都感到非常痛苦，不明白为什么像谷歌、Facebook 这样的初创企业，甚至其他更小的企业，它们在直面压力的情况下，还能发展得这么迅速，甚至超越了自己。到底是哪里出了问题？答案就三个字"参与感"。

微软一直是以"追求最完美"的开发模式为宗旨，这是一种不可能让自己犯错的开发模式，因此每个周期都非常严谨。要完成这个计划，就代表没人可以犯错。因此在微软就可以看到这样一种现象："这整个过程都是工程师们在闭门造车，做出他们自认为最好的产品。"但是，因为没有用户的参与，没有用户的体验，结果只能是失败。所以，要打造出一款好的产品，就一定要让用户参与进来，听取用户的建议与评价，并及时根据用户的评价改进和完善产品。

1. 参与感的三大作用

参与感除了可以帮助企业改进产品，做出体验感最好的产品之外，还需要具备哪些作用呢？

第一，与用户建立紧密关系。我们是生活在"参与时代"，每天都有20多亿名用户在网上互动。企业要争取他们的关注，要想接触到他们，就必须让他们知道企业非常重视他们。如何让用户意识到这一点呢？就是让用户参与到企业的运营或产品的设计中来。如此，用户才会有主人翁的感觉，认为自己与企业或产品是一体的，从而成为企业的忠实粉丝。为什么小米拥有那么多粉丝且忠诚？就是因为小米懂得利用参与感让用户与自己建立关系，建立社区让用户提供建议，并参与产品的设计，设计爆米花环节，与用户做深度的互动。

第二，提升感知控制。心理学上有这样一个实验：让参与实验者通过掷骰子来获取相应奖励，骰子点数越高奖励就越高。有两种方案（见图6-1）。心理学家在不同的群体中进行了相同实验，得出一个结果："80%以上的人选择A方案。"这个实验结果证明："给予用户相应的控制感，可以在一定程度上增加他们的满意度。"

而提供参与感，让用户拥有改变以及主导产品的权利，让用户从单纯的享受者变成生产者，就能有效提升用户的控制感。

第三，满足用户对社会存在感的追求。参与感最大的意义之一，就是让用户感受到自己的存在价值，比如百度百科，百度百科上有上千万的词条数目，99%以上都是由用户贡献的，每一个词条的形成，企业都不曾参与。它是由一个普通用户，再由几个到几十个，甚至上百个用户，经过多次的编辑、修改，一步步完善起来的。这个过程并没有任何物质奖励，都是用户主动参与的。

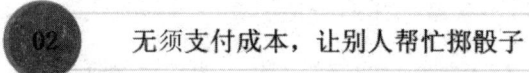

图6-1　两种掷骰子的方案

为什么用户要劳心劳力做这么费力的事情？就是因为可以从中获得成就感，用户感受到了自身的社会存在价值。这种对自身社会价值的追求，其理论依据就是"马斯洛需求层次理论"中的第四层需求，对社会认同感、社会尊重的需求。

此时，我们需要更进一步地思考，参与感满足了用户对社会存在感的追求后，能给企业什么样的反哺呢？答案很简单也很重要，就是用户黏性的提高。现在是定制消费时代，也是用户为王的时代，谁拥有的用户越多，谁的粉丝忠诚度越高，谁就能获得最大的红利。

2.了解参与感的两种模式

根据用户对产品参与程度的高低，可以将其分为轻、重两种模式。

在重模式下，用户会深度参与并使用产品，活跃度极高，且能逐步建立起对产品的信任感和依赖感，甚至还能从中获得归属感及自豪感。重模式的产品可分为两种类型：一是用户深入参与产品的研发过程，比如小米、海尔的定制模式也是属于这种类型；二是产品本身就需要让用户深度参与，产品内容就是用户生产并输出的，比如知乎、百度百科等。

在轻模式下的产品，通常都有极为明显的主打功能，用户一般是因为某个特殊原因才会使用产品。例如现在的电商产品，为了提高用户的参与度，就会在产品上增加社区或是直播功能，但是这些功能都不是主打功能，用户使用这个产品也不是为了泡社区和看直播，而是为了购物。比如聚美优品，就加入了直播，用户可以在社区中观看美妆达人的直播，以及发布自己的动态；比如小红书，也有直播以及美妆日记，用户可以观看直播，也可以发布自己的产品使用心得。

这种类型的产品在制造参与感中花样百出，但是目的只有一个，就是"挽留住用户，提高用户的黏性，让用户花更多的时间了解产品，并最终为产品付费"。就现在的市场情况来看，这种模式下的用户的参与感并不高，很难养成用户习惯。所以定制企业在制造参与感的同时，需要考虑轻模式是否适合自己。

二、深度执行小米参与感的"三三法则"

参与感是小米科技联合创始人兼副总裁黎万强提出的,并以此为主题出了一本《参与感:小米口碑营销内部手册》。黎万强曾说:"这是他在小米四年的工作笔记,也是雷总多年前布置的作业。"黎万强还强调:"小米品牌快速崛起的背后是因为社会化媒体下的口碑营销,而小米口碑的核心关键词是'参与感'。"

黎万强对"参与感"有着自己独到的见解,在书中更是提出了著名的"参与感三三法则"。因此,我们在强调参与感对定制企业发展的重要性时,对于这个法则的学习也是不可避免的,它不是金句,但却是企业打造品牌、营销产品的"武功心法"。

1. 三个战略

战略一:做爆品。这属于产品运营,其核心点是"只做一个,做到第一"。前半句是指一个阶段只做一个,通过聚焦形成规模效应,并且通过明确的定位迅速占领用户心智。因为资源分散会导致参与感很难开展;后半句是要做到行业第一,如此才能让用户记住,并把自己作为同类产品的第一选择。比如苹果手机每次就只做一个,小米也一样,前者做到了智能手机品牌中的第一，后者做到了国产手机高性价比中的第一。当用户有购买手机的需求且经济条件够好的情况下，会选择苹果；当用户有购买手机的需求，但经济条件不好又想享受体验较好的手机时，就会选择小米。

战略二：做粉丝。这属于用户运营，其核心是"让员工成为粉丝，让用户获益"。如果员工都不使用自己的产品，都不热爱自己的产品，认为自己的产品不够好，他就很难向用户去表达和传达自己的产品，更不用说激发用户的参与感，让用户为自己服务。同时也可以让粉丝成为自己的员工，让粉丝为自己的产品提供各种意见，让用户有了自己人的感觉，黏性自然就强。这是运营粉丝的关键点，也是参与感的关键点。因为参与感的背后是"信任背书"，由此构建而成的关系要密切得多。功能、信息共享让用户获得最初的利益激励，荣誉才是维系用户关系，激发用户参与感的重中之重。家电定制企业中的代表海尔显然也很好地把握住了这一点。海尔搭建了互动平台，吸引和运营粉丝，让粉丝能在平台上与海尔的供应商、研发设计人员、营销人员进行互动，而不仅仅是和其他企业一样只能与客服人员接触。海尔通过这种交互的方式，制造产品、提供服务、打造生态圈，并创造出最佳的用户体验，打造出专属于海尔的粉丝群体，获取独有的粉丝红利。

战略三：做自媒体。这是属于内容运营，其核心点是"有用、情感、互动"。互联网的去中心化已经打败了权威，也消除了传统商业时代信息不对称的现象。所以现在行业内流行一句话："每个企业都应该有一个主编。"因为企业自身的"发声"效果越来越大。但是在做自媒体时，其内容要保持如图6-2所示的三个原则：只发有用的信息、避免信息过载，每个信息都要对用户产生价值，且能产生情感输出，通过这个情感输出引导用户来进一步参与互动、分享与扩散。2011年是国内自媒体刚开始起步的时间，小米就精准地抓住了微博这个主战场,充分调动自己的粉丝群,在微博混得风生水起后,又将经验覆盖到其他社交化媒体,比如微信、直播等。

图6-2 做自媒体内容的三个原则

2.三个战术

战术一:开放参与节点。其核心点是"筛选出让企业和用户均获益的节点",这在做产品、做服务、做品牌、做销售等过程中都可以找到。比如现在有很多互联网产品在上线前,都会推出测试版,不仅在内部进行测试,还会邀请大量的核心用户参与。在提供定制产品的企业中,可口可乐显然把握住了小米的这一参与感法则。比如可口可乐的台词瓶定制活动,内容可以由用户自己提供,筛选出最优的台词后再进行用户投票,最后按照得票率印刷在瓶身上。如"师父,大师兄说得对""你是风儿我是沙""万万没想到"等,这种操作方式既让可口可乐获得了营销效果,又让用户得到了参与感,属于真正的一举两得,双方共赢。

战术二:设计互动方式。其核心点是"简单、获益、有趣和真实"。其实这算是一种活动运营,是根据开发的节点进行具体的操作设计,设计时需要遵守"简单、获益、有趣和真实"的原则。简单的交互可以让用户快速完成,这就要降低参与门槛;获益,是指用户参与后能获得物质或是精神上的奖励,这可以根据目标用户群的特点结合马斯洛需求层次分析后再确定提供哪种参与奖励；有趣，是指参与的方式要新鲜、好玩；真实，是指要能提供真正的价值，而不是互动结束后就完了。可口可乐的台词瓶定制活动，显然就做到了以上四个要求。首先，参与门槛低，用户只要在相关平台提供自己喜欢的台词即可；其次，获益，用户参与后获得了好玩、有趣的收获，如果台词被选上，更能获得精神上的满足；再次，有趣，这在饮料界从未出现过，用户更从未经历过自己可以参与瓶身外观设计的活动，新鲜、好玩就更不用多说；最后，真实，活动结束后，可口可乐确实推出了台词瓶，并成功给可口可乐带来了利益。

战术三：扩散口碑事件。其核心点是："从种子用户开始，选择合理的扩散途径。"先集中在较小范围的核心用户群，比如小米手机在社区的粉丝群，然后再精选基于种子用户互动产生的内容，将之做成话题进行官方传播，吸引更多对产品的潜在用户参与，同时放大已参与用户的成就感。扩散的途径一般有两种：一是在开放的产品内部植入激励用户分享的节点；二是官方从和用户互动的过程中发现话题来做专题的深度事件传播。

三、制造让用户身临其境的场景

相信有很多人都玩过"王者荣耀"这个游戏,这个让腾讯股价直线上升、让无数玩家都为之疯狂的游戏有一个成功的秘诀,就是制造画面感,让用户因为"身临其境的场景"而获得沉浸式的参与感。这一点,对于定制消费企业尤为重要。

那么定制消费如何为用户打造身临其境的场景,为其带来沉浸式的参与感呢?其实我们可以从场景营销这一角度来理解。场景营销是指基于对用户数据的挖掘、追踪和分析,在由时间、地点、用户及关系组成的特定场景下,将用户的各种行为连接起来,对用户情感、态度和需求进行理解判断后,为其提供实时、定向、创意的信息和内容服务,实现精准营销。

场景营销是由VR、大数据和图形处理等新技术推动而产生的一种新型的营销方式,它在定制家具行业的应用更为明显。因为家居行业是一个环境相对复杂、多环节、不透明的行业,特别是在终端门店,用户的体验感非常差。而传统的家居企业都是在销售技术、门店装修、产品陈列上下功夫,但这对于如今需求越来越个性化的用户来说是远远不够的。美联家私有限公司就利用场景营销,很好地解决了这个问题。当生活画面得以在虚拟世界中还原以后,用户就可以直观地体验到产品放在家里的样子，同时可以参与到颜色、搭配、款式、尺寸的调整和设计方面。

为了做好场景营销，让用户获得更好的参与感，美联家私有限公司在以下三个方面下足了功夫。

第一，追求逼真。要想达到身临其境的效果，那场景设计就一定要做到足够逼真，要无限接近用户的真实情况，比如户型样式、摆放布局、色彩搭配。因为一旦户型有偏差或布局出现错乱，都会让用户产生一种这不是我家的感觉，用户就无法获得身临其境的参与感，甚至还会让用户产生误判，影响决策结果。为此，美联家私有限公司与三度云享家合作，在产品技术、数据量、逻辑运算、图像处理方面投入了巨大的资金和精力，以达到展示效果的逼真性。

第二，注重互动。用户参与的本质其实就是互动，只有与用户互动才能对用户需求有准确且深入的了解。从这个角度来说，销售技术的改进、门店装修的设计带来的这些创造的参与感，只是表面上的，并未与用户产生实际性的联系。而场景营销则是在把客户的需求聚焦后，让用户能像买衣服一样买家居产品，可以先试后买，不满意再换。如此，用户就能化被动为主动，自主设计、搭配、选购。导购员的角色也从销售变成用户的家居设计师和顾问，互动让两者之间的角色和关系得到重塑，同时用户也能从在导购员的引导下，拓展对家居产品的想象，进一步地沉浸到对家居产品的设计、选购中。

第三，容易上手。如果想让用户获得沉浸式的体验，在家具设计、选购的过程中就不能让用户碰到障碍，操作过程一定要做到极度的简单化，让用户不用多加思考就能上手。美联家私有限公司在三度云享家的帮助下，实现了操作过程的全面智能化，保证在 5 分钟内完成一套样板间设计，同时还能让用户根据自己的需求更换家居产品。

总的来说,要想设计让用户身临其境的场景,获得沉浸式体验,就要做到以下三点(见图6-3):

场景逼真性　　　　　过程互动性　　　　　操作极简性

图6-3　美联家私有限公司沉浸式体验需做到的三点

除了美联家私有限公司分享的三点,通过设计场景加强用户参与感,还需要注意以下三点:

1. 先给产品定位

企业要先知道你的产品在用户心中占据什么样的位置,才能制造相关的场景。比如王老吉的产品定位是"降火饮料",那什么场景下容易上火呢?就是"吃火锅"的时候,在火锅店吃火锅,喝王老吉降火无疑是很好的例证。

那如果用户定制产品,企业又该如何做呢?比如定制汉服的企业,那首先就要给自己的这一款汉服做定位。汉服的定位是轻便风,让用户在日常生活中可以穿,不会像传统汉服那样复杂。在这个定位上,汉服企业就要设计出这样一个场景:"一个女孩子因为穿汉服麻烦而耽误了上班时间",用户看到这个场景后就会联想到自身穿汉服时的场景,然后就会思考我的汉服该如何设计才能穿搭简单快速,甚至还会思考得更多。这样,用户就会完全沉浸在这个"如何设计汉服才能更方便"中。

2. 符合用户需求

我们一直在强调"用户需求",在设计场景加强用户参与感时,也不能脱离这一要求。好的场景是连接产品和用户需求的,用户愿意购买产品,是因为产品可以为用户提供价值、解决痛点、满足需求。

我们可以这样设想一下:"我想去非洲旅游,但是马蜂窝给我们推荐了一个美国的攻略视频,视频里展现了美国各种各样好玩的风景和各种好吃的食物。可是,这个不是我需要的,我想去非洲,因此可能只会大概地看一下视频内容,甚至看都不会看。但如果是非洲的攻略视频就不一样了,我们会看得很仔细,甚至还会根据视频内容去查找资料,并在攻略视频下提出各种问题。我们已经完全沉浸到这个视频所包含的场景中,并与此产生各种互动。"这就是符合用户需求的场景设计。

3. 制造多维度的情感触点

什么样的场景容易吸引人,容易吸引用户参与?莫过于加入情感的场景。这一点,定制消费企业可以学习可口可乐告白瓶的玩法。可口可乐的告白瓶之所以能再一次拉动销售,就是因为给足了用户的参与感,而它的参与感之所以吸引人,就是它设计了加入各种情感的场景。

可口可乐给用户设计了一个"勇敢说爱"的情感场景,每个人都有自己的情感经历,都有过想说却还未曾说的话,想说却又没有合适的时机和渠道。不管是亲情、友情还是爱情,或者是其他的情感,都是可口可乐可以利用的情感触点,因此可口可乐设计了这个"勇敢说爱"的情感场景,通过各种告白词触动各种情感触点,从而让用户获得情感上的共鸣,并积极地参与到"可口可乐告白瓶"的定制活动中。

四、留白给用户留下无限想象空间

留白,原是国画中的一种绘画技巧,它不是刻意地用笔墨去画出来,而是在纸上留出空白,用纸的空白表现出更高的意境。而在定制消费中的"留白",则是指产品或服务的制作过程中,企业要留够一定的空白,也就是让用户能发挥个性定制的范围。如此,产品和服务才更能满足用户的个性化需求,也更能最大程度地提高用户的参与感。

但是如何留白才更合适呢?企业该如何把握其中的度呢?我们可以从一个包装盒的定制案例来了解这一点。

一家包装盒定制企业,在包装盒的定制过程中,常常会听到用户说这样一句话:"画面留白这么空、留这么多空白让我给你做吗?"用户抱怨的原因是因为觉得包装盒画面元素太少,因而产生一种缺少设计感、层次感、画面单一的空洞感。同时,也常常会听到用户说这样一句话:"这是东北风吗?大花袄,红配绿,密密麻麻。"用户如此抱怨的原因则是因为画面元素太多,给人带来杂乱、没有主次、缺少品牌调性的感受。该企业的员工非常委屈,这不都是按你们要求做的吗?怎么留白太多不行,留白少了又不行呢?这其实就是我们所述的没有掌握好留白的度。

第六章 深度参与：让用户全程跟随定制活动

不少人对留白都会产生一种误解，将其解释为"空"，但是留白不是肆无忌惮地减少元素，只剩下产品加主题文案，画面空白并不等于留白。包装盒的留白是指要留出空间和视觉重心，提升画面品牌调性，但却不会因此而画面空缺，缺少层次变化，但是不留白，也不是采用发散性元素来填充画面。包装盒画面空的原因是因为留白不合理，整体比例关系运用不得当。

我们从包装盒的案例中了解到："留白设计太空和太满都不太好，留白要合理，整体的比例关系运用要得当。"同理而言，定制企业给用户的"定制留白"也要合理。太少，用户不能满足自己需要，更没有参与感；太多，又会导致生产成本的增加，生产成本增加后，定制价格必然要增加，用户会无法承担高价格而选择放弃定制产品。那么，企业该如何把握其中的度呢？

1. 留白程度越高越符合"以用户为中心"的生产模式观点

企业实行定制消费业务的目的是利用用户资源，满足用户需求，以实现企业与用户的双赢。但是，对待用户参与定制程度的高低有两种不同观点。

第一种意见认为，为了提高企业运作效率，应该把用户的干扰减低到最小，用户定制的范围越小越好。

第二种意见认为，要把用户作为服务企业的部分员工，用户在定制过程中的需求反映，也是企业改进产品的有效依据之一。因此，企业对待用户也要如同对待员工一样进行管理和激励，并最大范围地提供定制服务，以便有效发挥用户定制参与的作用。

前者明显是企业中心论的观点，这种观点适合在商品短缺和以大量生产为主要生产模式的工业经济时代，企业是以最大程度提高生产运作效率为目的；后者则是更适合如今的"以用户为中心"的生产时代，用户的需求才是最大的生产需求。

2. 根据用户在价值链位置做留白划分

用户在价值链上的参与程度是定制产品留白程度的关键，根据用户在价值链不同环节的参与可以将定制产品留白划分为五种程度：

第一，纯粹标准化。如果用户对企业的价值链毫无影响力，企业为用户提供完全标准化的产品，用户无须参与到产品的定制中。

第二，细分标准化。是指企业为各个细分市场的用户提供了不同的标准化产品，用户产生的影响范围只有价值链的下游分销范围，那么企业的定制产品留白程度只针对价值链下游分销环节就好，但一般用户对此并不需要，所以在一定程度上可以视为无须留白。

第三，定制标准化。是指企业在装配阶段提供定制选项，用户参与到装配环节的定制中。这一点要根据企业自身行业的特点进行定制产品留白程度设计。比如一些家具企业的定制产品，可以根据用户的房屋尺寸调整大小，那么用户就可以参与产品装配时尺寸大小的定制。海尔的定制模式也是属于定制标准化，海尔按照功能作用把智能超人电脑的各种软硬件分为八个模块，充分满足用户的各种不同需求。其中三个模块是作为基础功能构成智能超人电脑的基本型，另外五个作为可选模块，用户可以根据自己的需求随意搭配。

第四，生产定制。是指企业提供原型产品，用户根据自己的需要提出对原型产品的修改意见，企业再根据用户意见对原型产品进行修改，然后组织生产运作活动。比如一些餐饮品牌的点餐软件，企业会提供原型点餐软件样本，用户再根据自己的需要对原型点餐软件的功能进行删除或添加。

第五，完全定制。是指企业让用户参与到研发阶段，企业与用户共同确定产品的最初及最后形态。

五、营造稀缺感，让用户感觉定制很难得

在回答稀缺感和用户参与感是什么关系的问题之前？我们先来看一个小故事：和珅在一次机缘巧合之下，用一万两白银买了两件宋朝时期的汝窑三足笔洗。当他知道全天下只剩他手中的两件笔洗后，在众人惊愕的眼神中把其中的一件给摔碎了。摔后和珅解释了自己的行为："从古至今，都是越稀少的东西越珍贵。这件碎了，现在全天下就剩一件了，其价值立马就可翻好几倍。"我们不知道这个故事是真是假，但是他的行为却是对心理学上的一个"稀缺效应"理论做了完美的解释。在消费心理学中，人们把物以稀为贵引起的购买行为称为"稀缺效应"。

如何制造稀缺效应，定制企业可以学习小米公司的做法。我们研究小米产品的发布历史时，可以发现：每次小米手机发布初期，都会出现小米手机供货紧张、每次发布只有部分用户才能拿到产品。雷军也曾对这个问题做过表态："大量高端定制器件在生产环节较为复杂，一时难以满足大量用户需求，因此才会出现限量供应的情况。"到底是不是人为的"稀缺效应"，我们无法判断，但我们唯一可以确定的就是，稀缺效应确实对小米产品的销量起到了巨大的推动作用。因为这种稀缺感，用户会一直紧盯小米产品的动态，全程参与

到它的营销当中，最后用户在这个过程中获得的参与感，会加大它拿到手机时的"成就感"。

那么，稀缺效应如何制造呢？可以参考以下三个做法：

1. 知己知彼，方能百战百胜

定制消费企业如果想和上述的案例一样，利用稀缺心理加深用户的参与感，并最终达到提高定制订单的目的，其前提条件就是要了解稀缺心理产生的原因。人们普遍都存在这样一种心理，"产品数量越少，拥有的机会越少，价格也就越高，同时用户购买的紧迫性也会随之加强"。这种心理的产生来源有二：第一，利用了思维上的漏洞，一般是根据获得一样东西的难易程度，迅速准确地判断其质量；第二，如果拥有的机会越来越少，用户的选择也会随之丧失，而用户又痛恨失去本来拥有的，用户的稀缺感也就越大。

2. 把不稀缺的参与机会变成稀缺的参与机会

定制消费企业如何利用稀缺效应加强用户的参与感呢？首先就要把本不稀缺的参与机会变成稀缺的参与机会。就如手机壳的定制，这个手机壳本来是人人都可以定制的，大家都可以拥有。但是在这种情况下，用户就会觉得："大家都定制这个产品，不成街机了！"产生这种心理后，用户会觉得定制产品的行为并不特别，我有需要再定制就好了。此时，如果企业把某款手机壳的定制数量改成100名，只有预约前100名，或者随机抽取的100名能获得这款定制手机壳的机会，用户的参与积极性就不一样了。用户会立刻采取行动，同时为获得这个机会而沾沾自喜。这与小米手机的"饥饿营销"的原理差不多，都是限制数量制造稀缺感，让用户因为稀缺感而积极行动，并深度参与到这个销售过程中。

3. 让产品变得独一无二

如果想让用户因稀缺感而积极参与到产品的定制中,就要让产品或服务变得独一无二。也就是说,这个定制产品或服务只有我这里有,其他人没有,用户在其他地方是享受不到同样的定制体验的。这种由"独一无二"制造的稀缺感也能促使用户的参与行动,并让其因"独一无二"而获得深度的参与感。

罗伯特·西奥迪尼在《影响力》中说道:"人对于稀缺有难以抗拒的追逐欲望。"我们经常看到企业利用稀缺效应,告诉用户某件产品数量有限或者供不应求,且不是随时都有的,就能让用户产生紧迫感,让用户因为这种紧迫感毫无不犹豫地选择了购买,或者时时关注产品动态,在无意中参与到企业设置的营销计划中,最后因为这种参与感而加大拿到产品时的"成就感"。

六、激励越大,用户参与定制的兴趣越大

大多数的用户都是被动的,企业如果想让其主动参与到定制活动中,就需要对他们进行激励。用各种激励手段,让用户的"让我定制"变成"我要定制"。这与互联网产品运营的用户激励是相同的道理。互联网行业对此的定义是:"即在满足用户需求的同时,通过利益诱导,来激发和引导用户行为,以提升用户体验,实现产品价值。"一般采取三种手段,对用户进行激励,且分别对应三种激励体系(见图6-4)。互联网行业的用户激励手段,同样适用于定制消费行业,企业可结合自身的实际情况进行参照操作。

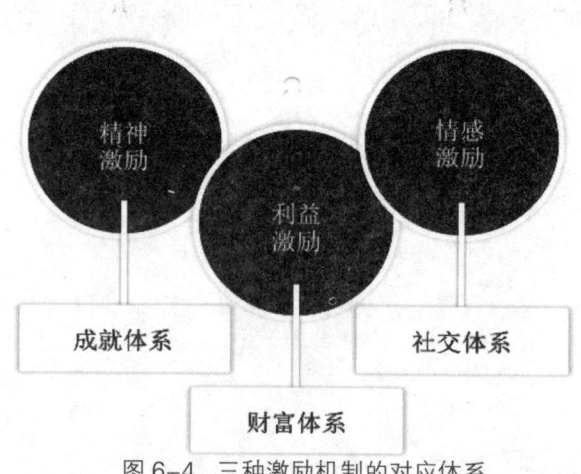

图6-4 三种激励机制的对应体系

1. 精神激励——成就体系

成就体系是指把用户划分为不同的等级，用户在产品上的行为决定了其产品等级高低及提升速度。用户为什么要升等级呢？因为等级越高越能让用户获得成就感，此外，等级也就意味着特权，等级高的人可以拥有等级低的人没有的东西，用户可以从中获得优越感。

等级设计有两个方面的特点：

第一，用户的等级是由自己努力获取的。它无法通过购买或赠送获得，因此高等级具有精神层面的价值，就像是游戏里的青铜、黄金、钻石、铂金、星耀的等级，等级越高，精神激励价值越高，也更被其他用户认可。那么，定制消费行业如何使用这一激励手段呢？

苏宁易购网上商城除了可以购买产品，也包含了个性定制项目。而其设计的会员体系，会员等级越高，享受到的个性定制消费优惠越大。苏宁易购将会员等级设置为新人、V1、V2、V3、V4，其等级提升标准是按照最近1年内产生的成长值及购物天数进行升降级，会员等级越高，可享受到的会员特权越多。成长值为苏宁易购会员通过购物、评价、登录等获得的经验累积值。自然日内产生至少1笔单件商品实际付款金额在10元以上的订单（实际支付金额不包括券、云钻、运费在内），则该日计为1个购物天数。

为了获取苏宁易购的会员等级，享受更大的优惠，用户在产生相关需求时，第一时间想的就是到苏宁易购购买，一些用户甚至还会为了升级、不降低，每天登录苏宁易购APP打卡，获取成长值。

成就体系的级别设置较多。为了让用户持续使用产品，就要让用户有持续使用的动力，如果用户无法达到最高等级，该激励体系就不具备存在的意义。试想一下，如果一个产品只设置了三个等级，且一个星期就满级了，那用

定制消费

户还有什么动力为了升级而继续使用产品呢？

此外，多设计几个等级，能让等级变化速度加快，达到让用户付出努力后就能得到反馈，从而产生持续不断动力的效果。同时，等级多可以让用户的区分度得到提高，等级区分越细致，同等级内的用户越相近，如此，对企业区分用户群，分析不同用户群的特征起到了极大的参考作用。

比如苏宁易购，它除了设计新人和 V1~V4 五个会员等级外，还设计了 SUPER 会员等级，这个等级的用户就能明显地和另外五个会员等级区别开来。SUPER 会员需要购买才能得到。价格：￥149/ 年；V3、V4 ￥109/ 年；尊享内容：2% 云钻返利 +36 张运费券 +372 天 PP 影视会员 +3 张体育观赛券 + 专属客服 + 退换无忧 +SUPER DAY+ 清洗保养 7~8 折购。为了获得尊享权利，不少用户都会花钱购买，而愿意花钱购买的用户就代表他愿意在苏宁易购进行高频次消费，且对价格并不敏感。如果苏宁易购愿意给其更多的会员激励，这类用户也会更愿意在苏宁易购上消费。

2. 利益激励——财富体系

利益激励是指用户可以获得平台奖励从而进行消费的一种虚拟货币体系，也就是指平台通过直接的金钱、虚拟的增值道具来刺激用户不断对产品进行投入。

比如网易考拉豆、京东京豆。如 100 豆可以抵现 1 元。这种虚拟的货币会随着用户在使用产品时的一些行为而增多，如签到、购物评价、签收、订单消费等。一般平台都会为虚拟货币设置一个专门的兑换区，用户可以在这里使用该虚拟货币兑换商品或者服务，也可以直接在消费时抵现。

比如海尔定制商城，为了促进用户的参与度，提升用户的参与感，也设计了自己的财富体系——海贝，并专门设置了海贝商城以实现对用户的利益激励。

用户通过以下方式获取海贝：

（1）关注"海知友"微信公众账号领取会员卡、完成签到、参与线上活动等赚取海贝。

（2）登录"海尔社区"完成打卡、发帖、社区互动、精彩活动等赚取海贝。

（3）登录"生态优选"商城，参与每日签到、购物消费、订单评论、商品分享等赚取海贝。

（4）下载"海尔优家"APP，完成注册、信息完善签到等赚取海贝。

赚取海贝后可以通过以下方式消费海贝：

（1）兑换实物礼品。海尔海贝商城提供包括海量家具日用、电器数码、生活母婴、户外旅游、汽车周边产品供您挑选，并且支持您使用海贝支付购买您心仪的商品和服务。

（2）兑换虚拟礼品。海贝商城为您提供多种虚拟商品。购买虚拟商品时验证码会发送至您的注册手机号上，通过验证后即可获得。

（3）增值服务。海贝商城内还提供了可由海贝兑换的商品抽奖、秒杀、产品延保、会员专享、清洗保养等增值服务。

3. 情感激励——社交体系

社交体系是通过用户之间的互动而建立起来的，互动方式多种多样，每款产品都有自己的互动方式，最为常见的包括点赞、收藏、评论、关注、好友等。社交体系的建立能够让企业从情感上维系用户和激励用户的某些行为。此外，也可以组织一些活动，邀请用户加入。比如海尔组织了"海知友跑友团"以加深与用户之间的情感。

定制消费

2019年的活动具体内容为：

马拉松前期（5月1—3日）

海粉福利定制区：在奥帆中心（装备包领取处）安排工作人员，为参赛选手发放支持任意刻字的海知友·青岛马拉松定制纪念书签。

马拉松期间（5月4日）

起点合影区：于起点处集结海知友跑团全部成员进行合影留念，留住珍贵的跑马回忆。

海粉专享互动区：互动区设置在5公里终点处及半马、全马终点处。

手印画活动：在半马、全马终点处设置了海粉集体手印画活动，邀请大家共同为此次的跑马旅程画上完美句点。

当然，激励的方法肯定不只上述三种，也不是每种都适合自己，企业还是要根据自己的实际情况，慎重选择，仔细设计，以达到最佳的激励效果。

第七章
创新设计：定制产品不只要实用还要有颜值

> 　　许多世界一流的企业都把产品的设计看作是热门的战略工具，都认为一个好的"产品设计"是赢得用户的关键。此外，如今的用户对于产品的要求，不只要看其实用性，如果"颜值"不够高，即使实用性再强，也会被不少用户摒弃。所以，如何对产品进行创新设计，让定制产品有一个"人见人爱"的高颜值，也是定制企业在推行定制业务时需要重点考虑的问题。

一、高颜值的定制产品都是"断舍离"

这是一个物欲横流的时代,人们对生命的满足感会随着物质欲望的增多而减少,因而容易引发焦虑情绪,让人更难以感受到简单的快乐。人们时常感觉生活很累,一部分是源于生存的压力,另一部分则是因为复杂的生活。所以,我们有时候连属于自己的一方天地——家,都会因为那些拥挤、繁复的细节让自己倍感压力。为了获得简单的快乐,逃避复杂生活的压力,现在的人都在追求极简主义,追求断舍离。因此摒弃一切无用的细节,保留最本真、最纯粹部分的极简主义,逐渐成为人们选择产品的主基调。所以,定制企业在衡量定制产品是否符合用户的外观审美需求时,就看其是否能达到"极简"的标准。

浙江迪尔雅卫厨有限公司是一家专业提供整木浴室定制的品牌,整木定制是其业务核心,是指把家居装修所需木制产品组合在一起,为用户提供一套完整的木制品的整体风格解决方案。迪尔雅于2006年创立,是国内中高端浴室柜领导品牌之一,在历年的上海厨卫展中获得不小关注。在2019年上海厨卫展会上,更是以极简轻奢的风格引起各方的强烈关注。可以说,它把定制和极简产品的设计风格完美地融合到了一起。

浴室柜行业的定制化源于市场需求,随着消费升级以及用户群体的转移,

第七章 创新设计：定制产品不只要实用还要有颜值

单一的风格和死板的结构已经很难满足用户。此外，因许多户型的卫生间大小和结构不一，购买成品浴室柜就会出现空间利用率低，角落难以打扫的问题。针对这一痛点，迪尔雅推出了浴室柜整木定制的业务。迪尔雅依靠强大的团队，为用户提供50多种门板基础造型，以及包含黑胡桃、非洲花梨、刺猬紫檀等多种木料材质，让用户能根据自己的卫生间实际大小以及个人风格喜好来定制浴室柜。

此外，为了让用户获得更好的产品外观体验，迪尔雅在满足用户需求的基础上，最大程度地将产品外观极简化。比如在2019年推出的新品，其外观就只是采用了较为方正的框架结构，大胆利落的线条，以及恰到好处的颜色。

真正的极简是"简约不简单"，迪尔雅的产品设计做到了这一点。迪尔雅的产品有八大基础功能区间，分工明确，且大小错落有致，用户可以随心所欲放置相应物品。

极简大师 Jil Sander 曾说过："拿走的东西越多，留下的就越纯粹。"迪尔雅显然做到了这一点。那么，企业如何才能充分掌握定制产品的极简主义设计呢？可参照以下几点：

1. 只保留必要元素

极简主要的核心是"简而不减"，是指外表简单，但是功能却没有影响。要做到这一点，只要在既定设计环境中保留必要元素即可。比如我们设计一个手机APP的页面，其核心就是省去不支持用户任务的多余元素或内容，从而达到简化页面的目的。因为屏幕上的元素越少，对用户形成的视觉干扰就越少。

2. 简化色彩关系

在产品设计中，色彩关系并不是越丰富越好，颜色过多反而会使得画面显得杂乱,主题不明确,引起用户的视觉疲劳。优秀的产品外观设计,往往是运用最少的色彩达到最佳的视觉效果,色彩搭配以简洁为核心,以以少胜多、以一当十为目的。设计时,可以采用以下四种手段来实现色彩关系的简化(见图7-1)。

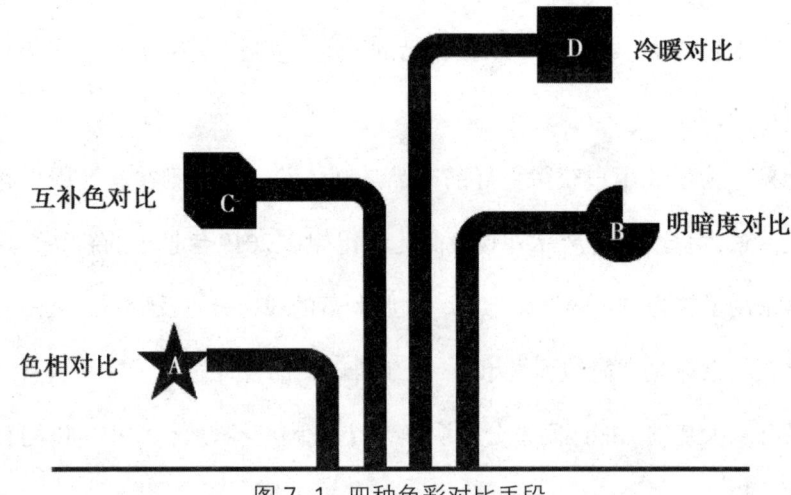

图7-1 四种色彩对比手段

3.图形:少即是多

图形是人们认识和记录事物最原始的方式,也是画面中最为基本的构成要素。而在如今这个快节奏、注意力稀缺的时代,图形语言比文字语言更能高效、准确地传递信息,为受众提供最简洁直观的视觉体验。但是,在图形设计时,也要进行高度概括,不断使用减法原则,删除多余的细枝末节,通过同构和解构等手法,设计出少而精的图形。

同构:是指把两个或两个以上的图形进行组合,形成一个新图形。这个图形并不是几个图形的简单叠加,而是一种超越和突变,能给人一种强烈的视觉冲击,以及丰富的心理感受,基本图形同构有以下几种(见图7-2)。

解构:是指把较为具象的图形进行拆解,保留最有特点的部分,它是对图形元素的提炼,设计师根据自己的审美体验对原有元素进行概括,使解构后的元素更加纯粹精炼。

图 7-2 十种基本图形同构方法

4.选择可读性较高的字体

极简主义设计要求图形极简,对于文字字体也有同样的要求。其主要要求如下:一是要选择最易于阅读的字体,保证用户能快速扫视;二是不管是称线体还是非称线体,字体高度要适中,不要有装饰性太强的风格,最好使用经典字体;三是字重和行高、间距都要控制在合理的度上;四是不要使用小字号来打造所谓的"高级感",适当地放大字体确保用户能够一目了然。

二、不要大花袄，产品只要品牌色

在产品设计中，色彩是抓住用户注意力的关键因素。人们在接触一项新事物时，颜色是最容易被记住的信息。所以，为了达到这个目的，不少企业在产品颜色上选取了各种鲜亮的颜色，不管是否和品牌调性、产品特性相称，只要能抓人眼球，就都往产品上放。这种做法，虽然吸引了用户的注意力，但大多数用户最后都会选择放弃，因为太过"花哨"的颜色只会让用户觉得"庸俗"，从而质疑产品的质量。特别是在这个崇尚"极简"的时代，最好能以"品牌色"为主，如此既避免了"花哨"，又符合品牌形象的固化需求。即使是用户要求要采用某种颜色，也尽量通过合理的颜色搭配，达到"极简、美观、与品牌相符"的效果。

1. 掌握色彩基本概念

运用色彩，首先就要了解色彩，除了掌握实战技巧，更要了解相关理论。理论部分的内容大致如下：

（1）常用色彩体系。在产品设计中，最终运用的色彩体系主要有四种：一是奥斯瓦尔德颜色体系，这是形成最早的体系，对后面几个体系有深远影响，但现在运用得较少；二是瑞典自然地系NCS，受奥氏影响较深，简单易懂，适合欧美风格的定制产品设计；三是孟塞尔颜色体系，强调视觉等感觉差，色空间的形状科学性较强，适合美国风格的定制产品；四是日本色研所颜色体系PCCS，是在孟塞尔的基础上建立起来的配色理论，较为崇尚极简，日系风格的定制产品较为适合，当下中国的产品设计也较崇尚极简，所以在中国，该体系是最受用户欢迎的。

（2）色彩的三大基本特性。色彩分两种；一是无彩色系，指白色、黑色和由白色黑色调和形成的各种深浅不同的灰色；二是彩色系，指红、橙、黄、绿、青、蓝、紫等颜色。彩色线的颜色具有三大基本特性，三者是属于不可分割的关系，应用时必须同时考虑这三个因素。

特性一：色相，是指能够较确切地表示某种颜色色别的名称，如玫瑰红、翠绿。

特性二：纯度，是指色彩的纯净程度，表示颜色中所含有色成分的比例，有色彩成分比例越大，色彩纯度越高，反之纯度越低。

特性三：明度，是指色彩的明亮程度，分两种情况：一是同一色相不同明度；二是各种颜色的不同明度。

2. 掌握色彩情感规律

在设计时，利用好色彩情感规律，能更好地表达设计特定的产品主题，让用户产生联想，唤起相关的情感，引发用户对定制产品的兴趣，从而促使其产生定制行为。

（1）运用色调的冷暖感，表现产品独特个性。冰箱、空调等产品可用冷色调，给人以清爽、寒冷的感觉；如果儿童类的定制产品，比如玩具、服装，多用红色、橙色、黄色等暖色调，让人感到热情、活泼、开朗。

（2）运用色调的明快活泼感，表现产品的优美愉悦。一般是采取暖色、

纯色、明色以及对比度比较明显的颜色，让人感到清爽愉快，比如一些家具产品，桌子、椅子等。

（3）运用色调的档次感，体现产品的独特品牌。如朴实大方的色调一般是用于实用品，气派华贵的多用于较为高档的定制产品。

3. 掌握色彩搭配规律

产品颜色好不好看，还在于是否能合理搭配。只要掌握了以下几条规律，一般情况下就不会出现"大花袄"现象。

（1）确定主色调。每个定制产品都有自己的主题，除了产品功能，产品外观上的文字、图像、色彩就是展现主题的手段。对于色彩而言，要恰如其分地表现主题，发挥其情感的联想和象征作用，达到与定制产品主题的陪衬效果。比如美妆类定制产品，这些产品的主题多追求护肤美容，安全可靠。因此在色彩上就要多选用中性色调及素雅色调，比如粉红、奶白，给人以健康、温柔之感。

（2）确定色彩平衡度。色彩给人的视觉感受越平衡，用户就会感觉产品外观越好看。一般情况下，设计师会通过色彩的轻重、强弱、浓淡等手段来决定颜色面积大小、位置高低，以获得视觉上的平衡。

（3）使用色彩的亮点效果。亮点是指注重强调某一部分，突出画面重点，把主要色彩给予画面中心，在平淡的色彩中突出变化感，从而使画面色彩产生高潮、突出重点，发挥色彩对视觉的冲击效果，最终达到吸引用户眼球的目的。

（4）使用60∶30∶10色彩搭配的黄金法则。意思是让主色调占60%、次级色占30%、强色调占10%。这个比例除了可以创造视觉上的平衡感，还能达到让用户的关注从一个焦点平缓移动到另一个焦点的效果。

（5）根据产品目标用户使用色彩。每个类型的用户群体对颜色的喜好是不一样的，这一点企业在设计产品颜色时一定要注意，先看产品针对的是哪类用户群，然后再调查这类用户群的颜色偏好，再决定使用哪种颜色。比如男女对颜色的喜好是不同的，男性用户喜欢黑色、蓝色等比较肃静的颜色，女性则比较喜欢粉红、奶白等比较柔和的颜色。

知名美国设计师凯瑞姆·瑞席在其所著的《改变世界》中描述自己的理想："我想设计塑造一个更漂亮、更富诗意、更智能、更具美感的灿烂世界。颜色的美丽与否，在于你怎样运用。"所以，只要能合理搭配颜色，不但能提升定制产品的美观度，还能提升用户对产品的体验感。所以，千万不要小看"颜色"的力量。

三、好材料,是决定产品颜值的先天基因

材料质感与产品的设计密切相关,产品材料以其自身的固有特性和质感特征给用户传达了不同的信息和判断。一个造型美观的产品,包含了色彩美、表面肌理美、结构美等方面,这些都是通过视觉、触觉甚至听觉的生理刺激对不同材料产生的质感为基础的。此外,产品材料质感传递的信息不仅仅在外观上,还包括用户在产品使用过程中对材料肌理、质地的体验。这种体验能引导用户正确地识别产品、购买产品。所以,只有正确地运用产品材料质感的传达功能才能够正确地设计产品。

九银坊金银礼品定制显然就非常懂得利用材料为自己的产品"增色"。例如它旗下的定制产品徽章,其可利用的材料就有几种,每一种材质的徽章设计出来的效果都是不一样的。

第一种,红铜,也称为紫铜,属于纯铜。因为其颜色为紫红色而得名,一般是军用品和珐琅材质的首选用料。

第二种,青铜。是金属冶铸史上最早的冶合金,造性好、耐磨性强而且化学性质稳定,比较适合高档有质感的徽章产品。

第三种,铁。是最常见的材料,优点是硬度好、价格低,此种材料定制出来的徽章价格低，比较适合低价类产品。

第四种，铝。属于银白色轻金属，轻薄、有延展性，适合制成棒状、箔状、粉状、带状和丝状的徽章。

第五种，锌合金。其特点是铸造性能好，表面光滑，造价比铜低，产品立体效果强，适合压铸类金属徽章。

第六种，不锈钢。其特点是防腐性强，金属耐用性价比高，且其表面颜色丰富，装饰效果强，适合对厚度要求较低的徽章。

第七种，铅锡合金。又称为巴氏合金，适合外形不规则、全3D徽章。

第八种，纯金银。特点是美观、大气，虽然造价较高，但有收藏价值，是九银坊的主推材料。

从九银坊对徽章定制的各种材料的详细展示，就可以看出它对产品的把握程度，能利用不同的材料特质为产品"增色"。

1. 掌握材料质感设计的两大属性

材料质感有两个基本属性：一是生理属性。是指材料表面给人的触觉和视觉所产生的体验，比如粗犷和细腻、华丽与朴素、单薄与厚重；二是物理属性，是指材料表面传递给人的知觉系统的信息，比如材料类别、性能。一个产品材料质感好不好，看其两大属性就能分别出一二。例如一款定制服装，如果面料好，手摸上去就非常的细腻柔软，而不是粗糙僵硬，然后看其面料就能分辨出它是不是纯棉。显而易见，触感细腻柔软且是纯棉的服装，其质感更好，看上去也较为美观。

2. 产品材料质感设计需遵守的原则

在选择材料时，企业需遵守以下几条原则：

第一，易用原则。易用性是用户选择或持续选择一款产品的最基本标准

之一，是产品可用程度与成熟的重要标志。如在各种工具手柄部位的外观设计中，一般会加上橡胶材料，就是因为橡胶具有良好的弹性、耐磨性、柔韧性，在保证良好手感的同时，也易于用户操作。所以，提高产品易用性，是企业设计产品选择材料时必须遵守的原则之一。

第二，适度原则。在产品制作过程中，需要充分考虑到各种构成因素其自身明显的个性特点，并把这些要素和产品的功能与价值、质感和品质进行适度得当的表达。就像是用户要定制一束玫瑰花，花店却加了许多满天星、桔梗、小雏菊，不但没有让这束花更好看，反而失去了玫瑰花原有的意义。

第三，协调原则。产品的美观不是只靠某种单独要素就能体现的，而是各种要素的综合展现、共同作用的效果，但在综合使用各种要素时，要保持和谐原则。比如尚品定制在产品设计时常常会用到双重材质，其由木质和毛毡两种材质设计而成的沙发，二者都是属于温暖系的材质，会给用户带来双重温暖的质感体验，毛毡柔软的特性，在形态上有更多的可能性，有效平衡了木质造型的缺点，同时毛毡的色彩多样性，也能让产品焕发出更多的生命力。

3. 掌握材料质感设计的方法

质感设计是定制产品造型设计中的重要环节，它充分发挥了材料在产品设计中的能动作用，它是"造物"与"创新"的过程。

（1）艺术性与创造性并举。在产品造型设计中，一个成果的产品设计并不在于用材的高级与否，也不局限于使用材料种类的多寡，而是在掌握材料材质特征与美感的基础上，精心选择适合产品的材料，并懂得艺术性和创造性地使用它们。

艺术性地使用材料是指追求不同色彩、肌理、质地材料的和谐与对比，将材料的材质美充分展现出来，利用材料本身的魅力来增加产品的艺术造型魅力。

创造性地使用材料则是要求企业突破陈规，大胆使用新材料与新工艺，创新传统材料用法，为产品创造出更具创意的造型。

（2）不同材料类型、不同运作方式。材料的质感特征与材料本身的组成与结构密切相关，不同的材料有不同的质感特征，企业需根据产品特点慎重选择。常用材料及质感特征如下所列。

木材：自然、协调、亲切、古典、温暖；

金属：坚硬、光滑、理性、现代、科技；

玻璃：高雅、明亮、干净、自由、精致；

塑料：轻巧、细腻、理性、艳丽、优雅；

皮革：柔性、感性、浪漫、高端、温暖；

陶瓷：高雅、高端、古典、精致、明亮。

材料的工艺技术决定材料质感。材料的质感呈现除了本身原因外，还由材料的成型加工以及表面处理技术决定。常表现为同质异感和异质同感。如毛面花岗石如果不经任何处理，就会给人朴实、自然、亲切的感觉，如果通过表面处理工艺打磨后，就给人以华丽、凉爽的感觉。

每一种材料都有其特质，材料本身没有好坏之分，就看你是否能充分把握选择适合企业产品的材料。

四、赋予独特理念,让产品因"文化"而漂亮

文化作为一种软实力,传递的是精神文明,是一种概念上的认同,当它在人们的脑海里留下了印象,占领了用户的心智,它就能影响人们的判断与决策。所以在设计定制产品时,不仅要从外观、品质入手,还要从品牌文化上入手,赋予产品一种独特的理念,让产品达到"腹有诗书气自华"的境界。

那么,如何才能打造这种文化呢?我们可以学习海尔和坚果这两个案例。

1. 海尔的品牌文化打造

用户之所以喜欢到海尔定制家电,除了产品和服务的原因,也有很大一部分是海尔的文化。海尔的文化赋予了海尔产品一种独特的魅力。

在海尔官网上可以看到,海尔的品牌文化理念是"以科技之力缔造生活之美"。具体体现在两个方面:

以"智"为刃,破风而行。将智能科技与家庭场景相结合,创造兼具科技感与未来感的家庭住居新体验。家,从此不再是局限于吃饭睡觉的栖身之所,更像是精神思想与科技智慧之间交流共鸣的一方天地。海尔打造的多场景智慧家庭解决方案,让家里每个人,能够选己所爱、爱己所选,初心不遗,邂逅无限可能。海尔与智为伍,未来为你而来。

第七章 创新设计：定制产品不只要实用还要有颜值

"新"之所指，向阳而生。创新是海尔不变的文化核心，亦是万千海尔人永恒的精神信仰。不同于一味模仿跟从，海尔自创立之初，就敢于在高峰之巅立鸿鹄之志，一路走来，广纳全球尖端研发力量与顶尖设计资源，破旧立新，志启未来，以创新之名，创海尔名牌。让用户参与到产品设计，将智能科技与生活美学融合创新，让每位尚智之人，真正地体验到智慧极致的理想生活。

从这个表述来看，"创新"一直是海尔坚持的文化理念，也就是因为这个文化理念，海尔才能年年推出更好、更新的产品。而除了创新之外，海尔的文化还表现在以下几个方面：

文化战略系统可以分为三个子系统：

子系统一：企业内部系统。用海尔的核心文化最大限度地调动全体员工积极性，以此达到不断提高产品质量的目的。

子系统二：企业外部系统。通过海尔的营销文化最大限度满足用户需求，以达到扩大市场份额的目的。

子系统三：企业快速反应文化。通过海尔的战略理念，紧紧关注并与国家政策同步，及时抓住机遇，扩大企业规模。

海尔的品牌文化包含五个观念意识：

第一，质量意识。在海尔看来，"有缺陷的产品就等于废品"。海尔是决不允许有质量问题的产品出厂的，闻名世界的"海尔砸冰箱"事件就是如此。在这种文化下，用户自然也会从心底里认同海尔的产品是高质量的。

第二，市场意识。优质产品不等于品牌产品，要创造品牌产品就要定在市场，向用户提供比竞争对手更优质的产品，如此才能让用户选择你。

第三，用户意识。在海尔的服务理念中，"用户永远是对的，用户的难题就是我们的难题"。海尔的一切服务和产品都是根据用户需求而设计的。海尔

认为只有真正为用户着想,推出满足用户需求的产品,才能真正赢得客户,走在所有品牌的前面。

第四,品牌意识。海尔树立了"先卖信誉后卖产品的"理念,因为只有信誉才能让产品长销。产品有三个层次:一是知名度,这要花钱就能够做到;二是信誉度,只要承诺保修3年就一定要做到保修3年;三是美誉度,要做到有口皆碑,能满足用户潜在的需求。只有这样才能做出真正"美观"的产品。

第五,服务意识。如今的市场是供大于求的市场,服务质量的好坏成为用户选择的标准,海底捞之所以能从火锅红海中获得成功,并成为引领者,就是其超强的服务意识。海尔也是如此。海尔不仅把服务看成是产品的组成部分进行综合研究,而且树立了将"用户的烦恼减少到零"的服务目标。

现实证明,海尔的这种"文化先行,赋予产品企业文化"的战略是成功的,海尔实现的年年增长的销售额就是最有力的证明。

从海尔的案例上,我们看到了树立品牌文化的重要性,它不仅能从内部提高员工工作积极性,以此达到提高产品创新度和质量的目的,对外更是能让自己成为用户的第一选择。

2. 坚果的品牌文化打造

品牌文化的打造具体该如何操作呢?我们可以从罗永浩打造"坚果手机"(曾名为锤子)的案例上学习一些方法,虽然他的坚果手机不够成功,但是打造品牌文化的方法却是非常值得学习。

第一,塑造独特的品牌个性。罗永浩在新东方担任老师时,就以"个性十足,有自己独特的观念"而闻名。在一个随大流、缺乏个性与独立思想的时代,这一点尤为特别。之后老罗的各种主题演讲,不管是海报设计,还是其他宣传,都体现出了老罗"与众不同"的个性。有个性的品牌更加能够被认识和记住，所以罗永浩在他的"一个理想主义的创业者故事"系列主题演讲之后就出名了。从他的案例中我们可以得出一个结论，"品牌要体现个性，品牌文化更要显示个性"，否则很容易在"同质化"的海洋中被淹没。

第二，不断向消费者宣传品牌核心价值文化。罗永浩在确定个人品牌"一次理想主义者的创业"之后，就决定以"天生骄傲"为品牌核心价值文化。为了能让这个文化落地，他不断地向用户灌输这个品牌文化，比如，通过英语培训中的人性化故事与坚果手机不屈于传统手机行业的潜规则等故事不断地输出"天生骄傲"这个文化。从其微博中也可以看出，不同于其他手机品牌推广产品的内容，他的微博都是发布与品牌文化相关的信息，以此不断地强化品牌文化在用户心中的认知。所以，定制企业如果确立了品牌文化之后，也要通过各种宣传手段，让用户熟知。

第三，做品牌文化营销盘活品牌形象。在《一个理想主义者的创业故事Ⅳ》结束篇中，罗永浩分享了关于如何做好品牌文化营销，盘活企业的品牌形象的内容。比如拍摄员工视频、分享双11坚果销售数据、天生骄傲的微博故事、播放天生骄傲的视频题材短片等。从这些内容就可以看出，坚果在罗永浩的带领下，一直都在做产品品牌文化营销，让坚果独特的文化深入人心。他的这种做法其实就是想让品牌和品牌文化得到用户认同，让用户消费的不仅仅是产品本身的价值，而是消费产品附带的品牌文化，用户对品牌从精神上进行认同。前者的销售是短暂的，后者才有可能永恒。

定制企业也应该学习罗永浩的做法，利用一切可利用的手段去做品牌文化营销，以此实现在用户心智中产品与品牌文化紧紧相连的目的。

产品是品牌的文化载体。不管企业的品牌文化多么好，要获得用户认同，最重要的还是产品本身。因为产品才是企业品牌文化的最佳载体与集中体现。

企业要把品牌文化注入到产品的每个细节,产品的每个细节都要体现出品牌文化。这是一个相辅相成的过程,品牌文化通过产品得到落实,产品获得了品牌文化赋予的魅力,变得更加"耀眼美丽"。

不少定制企业都忽略了企业与产品文化,特别是刚刚进入定制行业的企业,它们认为企业应该注重的是产品的打造和销售,而不是所谓的"品牌文化"这种看起来虚无缥缈的东西。这种想法显然是极为错误的。放弃品牌文化,其实就是放弃了最有效的营销。

五、模仿复制的产品，都是"丑八怪"

中国的市场有个非常不好的现象，就是"喜欢跟风模仿"，看一件产品卖得好了，就马上跟着推出同款产品；发现哪个产品风格受欢迎，就马上把自己的产品都换上同样的风格。以至于，产品同质化的现象越来越严重。在这种情况下，企业的产品和服务都能够被其他同类企业的产品所替代，而用户会认为各企业所提供的产品并没有什么实质性的区别。在这种情境下，用户的主要购买依据就是价格，因此各企业就会把价格战作为差异化的竞争手段。而从用户对产品审美的角度来说，一个产品外观设计得再好，如果所有的产品都是相同风格，虽然不觉得丑，但也绝对没什么吸引力。所以，企业如果要想不陷入同质化的泥潭中，首先要不断地创新，其次就是绝对不要"跟风模仿复制"，要通过差异化设计避免自己的产品变成一个"丑八怪"。

虽然定制本身的最大特点之一就是"差异化"，但是这种差异化是因为用户个性需求而实行的，除此之外，定制企业的产品跟风模仿现象也非常严重。比如旅游业流行定制游，所有的企业也纷纷推出自己的定制游业务，流行去巴厘岛，就推出巴厘岛定制游；流行4人小团定制游，就都推出4人小团定制游，完全没有企业自身的特色。所以，即使一些旅游企业推出了定制游的业务，业

绩也不见有多大提高。因为在用户看来和其他定制游没什么区别，没什么"亮眼"之处，所以用户还是选择了品牌或低价的定制旅游产品。

在这一点上，鸿鹄逸游做得非常好，其CEO郭明对于定制旅游产品的差异化更有自己的独特看法。

鸿鹄逸游是以高端定制游为主营业务，大部分的高端定制游内容包含8项：私人客服、私密行程、五星级以上酒店、乘坐公务舱及以上舱位、稀缺资源、VIP观景/娱乐安排、顶级餐厅、地面豪华交通工具。但这些内容在郭明看来是远远不够的，他认为在这些内容的基础上，还需要体现出差异化的内容，如此，用户才能真正地享受到高端定制游体验。郭明认为设计差异化的高端定制游需要考虑到以下几点：

第一，考虑人的"六觉"。分别是视觉、味觉、触觉、听觉、嗅觉、感觉。用用户这六觉去检视产品，就能达到产品差异化的目的。定制游的本质是品质游，品质游包括好和值两点，前者代表用户的满意度，后者代表用户的获得感。六觉可以让用户感到又好又值。

第二，考虑人的"五感"。分别是尊重感、高贵感、安全感、舒适感、愉悦感。郭明认为通过以下几个方法可以让用户获得"五感"。①制造仪式感；②制造惊喜感；③制造荣耀回忆；④旅游有效时间提高；⑤用户私人空间留白大；⑥旅游场景及服务极度个性化。

1. 产品差异化打造的三个切入角度

每个成功的定制企业都有自己独特的打造差异化定制产品的方法。但是具体该如何操作呢？其可以参考以下几个做法：

第一，从产品入手。是指从功能、设计、风格、技术和品牌主张寻找差异化。比如OPPO手机"充电2分钟通话两小时"和小米手机主打"2000万像素"拍照手机,就是从功能上寻找差异化,一个是充电,一个是拍照。

第二,从服务入手。是指从企业提供的产品服务打造差异化战略。例如,淘宝最早推出的"7天无理由退货"和其他电商的服务就形成了差异。京东的PLUS会员推出的"上门送货取退货"也和其他电商的退换货服务形成了差异化。相对于产品的差异化投入,服务的差异化打造成本更低,而且服务会更灵活,更容易实施。

第三,从渠道入手。通过不同渠道进行差异化推广和销售,比如早期的淘宝店和线下实体店,现在的传统电商和社交电商。渠道的差异一直都是存在的,关键是看企业如何找到其中的细分点。比如有些农产品企业,不做电商,也不做实体店,就找有影响力的网红和意见领袖合作,通过他们在自媒体的影响力,完成销售目的。

2.选择最具竞争力差异点的五个标准

实质上产品差异化的切入角度有很多,比如从价格、目标人群、产品规格等各个方面。但是我们还需要考虑,是不是差异点越多越好呢?并不是,因为每增加一种差异点都会增加相应的成本。所以企业要选择最具竞争力的差异点来打造。可参考以下五个标准:

第一,是否刚需。对目标用户来说,这个差异点是不是必需的,是否是刚性需求。比如手机的快充功能,就是一种刚需。因为用户常常因为电池不耐用,充电速度慢而烦恼。所以OPPO打造"闪充"这一差异点才会这么成功。

第二,是否独特。是指产品的差异点是否是竞争者不能提供的,例如华为推出的折叠屏和5G手机,除了三星之外,其他手机厂商就无法提供。

第三,是否超越。是指该差异点比竞争者有明显优势的,比如小米手机的"高性价比"差异点就比其他同类手机有优势。

第四，是否可见。是指该差异点是否很容易就能够被用户看见，比如价格，价格上的差异点用户一眼就能看出，顺丰物流的极速也很容易被用户体验到。

第五，是否盈利。经营企业的目的就是为了盈利，如果打造的差异点不能给企业带来经济或品牌影响上的价值，那就无打造的必要。比如成为某个电商网站的付费会员可以享受"全年任意退换货"，虽然付费和提供服务的成本不对等，但是付费会员更容易形成高频率消费、高忠诚度的用户。

总而言之，产品的差异点虽然很容易寻找，但是要真正找到那个值得打造的差异点并不容易，产品差异化战略的成败就在此一举。所以即使困难，企业也要坚持到底。

第八章 传播分享：让定制从小众走向大众

移动互联网时代，品牌传播的模式或形式发生了巨大变化，"酒香不怕巷子深"的被动营销模式早已不适合当下的市场环境。在社会化媒体时代，因为消费者行为模式发生了变化，因此企业在品牌营销传播上做出相应改变也是势在必行的事情。定制企业如果想让自己的定制产品被更多的人所熟知，就要找到符合当下市场的营销方式，让自己的定制产品从小众走向大众。

一、企业也要给自己的产品定制一个名称

美国当代营销大师阿尔·里斯在《打造品牌的22条法则》上说:"长远观点来看,对于一个品牌来说,最重要的就是名字。"名称,是创立品牌的第一步,也是占领用户心智的第一步。对于品牌营销而言,一切也都是从好名字开始的。正如企业家史玉柱所说:"一个名字如果不上口,不容易记,往往就要花上几十倍的广告力度才能达到让别人记得住的效果。"由此可见,品牌名称的好坏,对于品牌传播来说至关重要。企业如果能给自己的品牌或产品起一个好名字,就能赢在起跑线上。名字,是一个品牌或产品的"行走的广告"。

好的企业都有一个好的品牌名称,它们的名字也绝不仅仅是一个名称,都有着深刻的意义与作用。如以下五个品牌名称。

案例一:Canon(佳能)。最开始的名称是"Kwanon",其读音为"Canon",与日语词汇"观音"的发音相同。取与观音相同的发音的本意是希望观音能够大发慈悲,助其早日实现制作出世界最高端相机的梦想,标识也采用了千手观音的画像。但是因为这个名字发音有宗教限制的,意喻更是如此,不利于佳能走向世界。因此,1935年,佳能把品牌名称改为用英语表示:"圣规范、标准"的词汇"Canon",同时也蕴含着成为世界标准以及业界规范的企业精神。

第八章 传播分享：让定制从小众走向大众

案例二：安锐速运。原先名为安能快递，之所以改名有三个原因：一是聚焦"快运"这一主营业务，代表着企业业务结构和战略调整的新方向，同时也挑选自己在"快运"业务领域的竞争优势；二是快运市场规模进入高速增长期，安能非常看好这个市场，打算主营这个方向；三是避重就轻，在快递行业初步完成优胜劣汰的洗牌，这与已经形成较为稳定的市场结构有一定的关系。

案例三：百度。该品牌名称来自辛弃疾《青玉案·元夕》当中的"众里寻他千百度"，百度的本意是想传达一种对中文信息检索技术执着追求的产品精神，强化了整体名字的仪式感，让品牌内涵获得提升。结合古诗词，既方便大众记忆，又传达了美好的寓意，一举两得。

案例四：雅虎（Yahoo）。这个词最早出现在《格列佛游记当中》，是指慧骃国的一种粗俗、低级的人形动物，他们贪婪、丑陋、自相残杀。从这个解释来看，该词是贬义词，但是创始人认为由于自嘲自讽的风格在网上盛行，这个与众不同的品牌名称，更能引起用户关注。不过为了降低贬义色彩，特意在yahoo后面加了一个惊叹号，以表示发现"野人"时的吃惊情绪。

案例五：金拱门。2018年8月24日，麦当劳（中国）管理有限公司的投资者名称更名为"金拱门中国管理有限公司"。10月12日，公司名称也成功变更为"金拱门（中国）有限公司"。随后，麦当劳在中国的各地分公司，也陆续改名为"××金拱门食品有限公司"。消息传出后，引起了广泛的关注和热烈的讨论。网络上的段子手更是层出不穷："KFC要改名开封菜"；"奥迪改名我比五环少一环"；"香奈儿要改名擦擦更健康"……不管麦当劳改名的原因是什么，但是营销的目的确实是达到了。

从以上的案例中，我们看到了每个企业的品牌名称都有它独特的意义和来历，不管是什么意思，其目的都是为了品牌营销，为让品牌进入用户心智服

务的。但是这并不代表所有的品牌名称都能达到这个效果,只有在一定标准和技巧下命名的品牌或产品名称才能做到。

1. 好名字的四大作用

一个好的品牌名称需要完成以下四个目标:

能区分信息。现在是物质大丰富的时代,用户不可能了解每一种产品的信息。所以企业就需要给产品定一个品牌名称,用几个字或一个符号来传递产品的信息。如此用户在购买产品时,就直接看名称,而不用一个个地去看产品信息。也就是说,要用品牌名称给产品做个标记,让用户能更好地区分。

概括一个大类信息。当市场的信息越来越多,用户会越来越无法分别;当市场的一个品类产品太多,用户就越来越难以选择。此时,名称的出现就是为了解决这个问题。用一个名称来概括同一个品类的产品,用户只需要直接看品类名即可。

降低用户的选择成本。品牌名称的出现就是为了降低用户的选择成本,用户在购买产品时只要看到这个符号,就可以不经思考直接购买,降低了选择成本。

降低企业的宣传成本。一个好的名字可以降低企业的宣传成本,就像是麦当劳改名金拱门,除了名字本身让用户更容易记忆之外,其引起的社会关注热度更是不容小觑。

2. 好名称的六大原则

一个好的名称,需要符合以下六条原则:

原则一:能注册。如今想注册一个品牌名称是一件非常困难的事,一般具有前瞻性的企业,都会将同类型的名字先注册,防止后来者或竞争对手打擦边球。所以,取名的第一个原则就是能够注册。

原则二：有关联。不管是什么行业，是什么品类，取的名字定位一定与行业或品类相关联。比如宝洁，就很容易想到是日用消费产品；支付宝，就很容易想到与金钱相关；脑白金，很容易想到与大脑保护有关的营养品。

原则三：易传播。比如一个用户想把企业的产品介绍给朋友，但却因为名字太拗口，无法表达，此时传播就会中断。因此，要做到易传播，首先就要先做到四易：易认、易写、易读、易记。这就要求企业取名时，尽量不要用到生僻字，尽量减少使用笔画多、读音拗口的字眼。

原则四：有调性。品牌名称的调性要与用户调性相一致。比如，服装定制品牌"良衣"的名称就与用户调性相一致。该品牌一直致力于做中国"新绅文化"的倡导者和推动者。"新绅"或称"新绅士"，目标人群是年龄在25~35岁的高知人群。这类用户一方面他们延续了传统绅士品格：彬彬有礼、学识良好、注重品质。另一方面，作为80后和90后，在中国经济发展和互联网蓬勃发展的大时代背景下，他们更具有国际视野，关注社会发展也关注自我发展和体验。"良衣"这个品牌名称更符合他们的审美口味。

原则五：形象化。根据科学家对人类大脑的研究证明，人类更容易记住形象的东西，而对于那些晦涩难懂的概念敏感性较差，所以在取名时，要注意名称的可视化、形象化。比如同样的红茶品牌，一个叫"积庆里"，一个叫"三个茶匠"，明显就是后者更容易记忆。

原则六：可联想。是指当用户看到品牌名称后就自然联想到其他东西，这种联想的好坏会直接影响产品的销售量。比如"福临门"这个品牌的联想美好度非常高，一看到这个名字，用户的脑海中自然就联想到了"福气好运降临到自己家"，这种联想对用户的吸引力特别大。

3.品牌命名的八个技巧

在给品牌命名时，企业可以参考以下思路：

（1）品牌识别词＋品类＋特点。比如瓜子二手车直卖网：品牌识别词——瓜子；品类——二手；特点——直卖。

（2）行为动词与行业属性相结合。比如聚美，有电商化妆品购物的属性，同时又是一个行为动词，聚意为"聚集"，美意为"美丽"，也代表让人变美的东西的意思。

（3）产品功能型品牌名。是指直接体现了该产品的核心功能，比如微信，就是直接代表了通信的功能。

（4）数字命名。一些企业喜欢用数字给自己命名，好记的同时也显得独特。比如360、361、58同城等。

（5）具象的动植物。直接用动物或植物的名称给自己命名，形象化更容易记忆和传播。比如苹果手机、花椒直播、西瓜视频……

（6）使用叠音字。比如，阿里巴巴、盼盼、旺旺、滴滴、QQ、钉钉、人人网、当当，是不是朗朗上口，说一次就记住了。

（7）所属地文化命名。从品牌所属地、国家或全世界的文化作品和文化元素中提取名牌名称。因为这些文化元素本身就存在用户的心智中，会更容易记忆。比如茅台，因为酒出于茅台；鼎闽香茶庄，因为福建本身就是世界最大的产茶地。

（8）利用地域命名。利用熟悉的地理特征或属地地名，发挥地缘优势，占位地区关键词，尤其适合原产地优势明显的产品。比如青岛啤酒、七彩云南翡翠、宁夏红酒。

与命名相关的理论和技巧非常多，至于最终到底采用哪一种品牌命名法，也取决于多方面因素，企业根据自己的需求和实际情况做选择即可。

二、开一个发布会，让全世界都知道"你的定制"

当企业有一款新的定制产品推出时，如何第一时间引起轰动？有此效果的莫过于开一场好的产品发布会。苹果、华为、小米、OPPO、坚果，每年在推出新的手机产品时，都要开一场产品发布会，每一次发布会都引起了广泛的关注，产品甚至还未正式开售，就有不少用户看了发布会后表示要先预订。这些案例足以证明，产品发布会的营销效果有多强。

乔布斯的产品发布会一直是行业致敬的经典，中国不少企业家都在学习乔布斯的发布会演讲方式。《乔布斯的魔力演讲》一书的作者 Carmine Gallo 也说过："多数演讲者只是简单地传达信息，乔布斯的演讲却能点燃激情。"由此可见，乔布斯产品发布会的魅力。现在让我们看看乔布斯是如何开产品发布会的。

第一，用数据增加产品发布会的重要性。发布会一开始，乔布斯并没有先介绍产品，而是利用数据进行大量铺垫，以表明这场发布会的重要性与影响力，如来自 57 个国家的到场的 5200 人，举办 120 多个专题演讲，120 个以上的实践演示，1000 位以上的苹果工程师现场答疑。

第二，第三方见证增加可信度。在介绍 iPad 时，乔布斯并不是简单地用数据证明这款产品如何好，而是播放了各个国家的媒体报道，让现场观众能直接感受到 iPad 在市场的欢迎度。同时在介绍 iPad 的优点时，还邀请了多个应用的 CEO 来进行现场演示，而不是只靠自己去介绍。用媒体这个第三方来增加用户对产品的信息了解，比乔布斯自己说这款产品卖得多好，卖了多少要有用得多，同时再配以现场演示，就更能体现产品的价值。

第三，把数据细化让用户能感知到。在展示产品相关数据时，乔布斯并不是简单地展示最大的数值，而是把这些数据细化到可衡量、可感知的程度。因为一个数值即使再大，用户也没有任何感觉，但是如果能直观感受，体验就会不一样。比如，59 天内售出 200 万部 iPad，每 3 秒钟售出 1 部、有 8500 个 iPad 专用应用，这些应用被下载 3500 万次，除以 200 万部 iPad，平均每部 iPad 下载 17 个应用；自产品发售起 65 天内，用户共下载 500 万本电子书，平均每部 iPad 下载 2.5 本书。

第四，超出期望，制造惊喜。在整场发布会中，乔布斯多次使用了类似"还不是全部""不仅仅如此"等词，给用户制造了一次又一次的惊喜，让用户产生已经这么好了，居然还有更好的惊喜感。人们往往会对超出范围的认知赋予更大的价值，所以乔布斯的做法无疑是进一步放大了 iPad 的价值。

要开一场成功的产品发布会并不简单，企业除了要学习如乔布斯这类典型的案例，也要掌握一些实战的技巧。比如以下几个方面：

1. 做好产品发布会前的"八定"工作

要开一场成功的发布会，为自己定制的产品在开售前就打开知名度，需要做好事前的策划工作。事前的策划准备工作包括八大内容：

定主题。产品发布会的主题就像是一篇文章的标题，标题好不好直接影响用户的点击欲望，一个好的发布会主题会影响用户是否愿意参加并关注这场产品发布会主题。如果企业有一定的影响力，就可以省去发布会主题的宣传工作，否则就要在前期策划阶段就开始发布会的宣传。

定内容。是指发布会的流程，流程的好坏直接影响到用户是否愿意听完这场发布会，一般包括开场演讲、产品演示、嘉宾分享、抽奖等。但是，有些发布会是由创始人全程演讲并展示产品，并没有嘉宾分享、抽奖等内容。为了避免出错，最好制作出一个流程表。

定场地。在选择时需考虑以下三点：①环境。要适合发布会主题，要符合参与发布人员喜好、要有格调。②细节。注意发布会场地内的装饰细节，细节处不能不伦不类、低俗粗糙。③交通。交通非常关键，如果交通不便，即使发布会再吸引人，也会有很多人因为交通问题而选择放弃。

定时间。发布会的时间很重要，首先不要和竞争对手撞档，其次如果是以普通用户参加为主，最好选择在周六日；如果是以行业内人员或者媒体人员为主，那就最好定在工作日。

定嘉宾。邀请的发布会嘉宾需包含四大类型：①演讲嘉宾。需在发布会前确认并沟通，并参加彩排。②媒体嘉宾。根据产品性质选择媒体，科技类就可选择36氪、钛媒体、搜狐科技、网易科技、腾讯科技等，需提前半月确认媒体沟通时期，并分配专职人员跟进。③业内人士。邀请业内较为有知名度的专业人士参与，提升发布会专业水平。④用户。可以是品牌的忠实用户，开放网络渠道报名参与，并进行筛选。

定物料。主要包括宣传册、签到墙、签到台卡、互动拍照墙、互动拍照框、话筒牌、LOGO立体字、嘉宾席椅子贴、海报、易拉宝等。

定人员。是指服务产品发布会的人员，包括保安、主持人、嘉宾引导人

员等，每个岗位都要有人负责。

定费用。发布会当然是越大越好，但是要考虑到企业可承担的成本，如果企业承担得起，且发布会的回报高于发布会成本，那就能开多大就开多大。如果不行，就要事先做好费用预算，根据预算确定发布会规格。

2. 不会演说，怎么开好发布会

演说对于发布会来说最直观的益处就是能卖产品，一场营销演讲，现场成交几百万的故事在演说圈比比皆是。因为产品的价值通过生动的演说能被放大无数倍。所以，如果想开一场成功的发布会，不会演说技巧是绝对不行的。

第一，演说的目的是为了产品服务。德国哲学家黑格尔在《美学》第三卷中对演讲的目的有一段非常精彩的讲述："一般说来，演讲家在演讲里的高旨趣并不在于艺术性的描述和完美的刻画，他还有一个越出艺术范围的目的，他的演讲的形式结构毋宁说只是一种有效的手段，利用来实现一种非艺术性的目的或旨趣。从这个观点来看，他感动听众，不单是为感动而感动，听众的感动和信服也只是一种手段，便于演说家要实现的意图。所以，对听众来说，演讲家的描述也不是为描述而描述，也只是一种手段，用来使听众达到某一信念，做出某一种决定，或采取某一种行动。"这段话的意思是指主讲人在演说中所使用的所有方法都是为了达到目的，只有如此，演说才是成功的。所以企业要记住，你在产品发布会上的演说是为了产品而服务，而不是为了展现个人魅力。具体而言，演说要达到三种效果（见图8-1）。

第二，将个人影响力与产品发布会相结合。虽然产品发布会言说的核心是产品，主讲人不能将之当成个人SHOW，但这并不妨碍主讲人用个人影响力为产品发布会做服务。可参考以下两种做法：

第八章 传播分享：让定制从小众走向大众

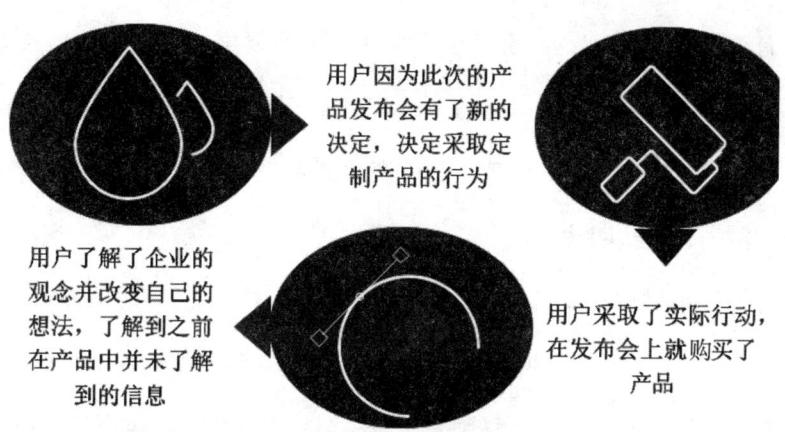

图8-1 演说需达到的三种效果

一是主讲人说出的金句要紧紧围绕产品，比如罗永浩在坚果2发布会上说出的金句："不要小看罗哥，罗哥活儿全"，其实就是暗喻坚果2手机功能全、体验齐全。

二是个人价值观体现产品观。罗永浩在这一点上就做得非常好，从"从天生骄傲"到"彪悍的人生"，这是他对自己的执着，从"真正的光芒需要一点点时间"到"漂亮的不像实力派"，这在体现了个人价值观的同时也体现了他对做产品的观念。

第三，选择适合的开场白。一般开场白有以下几种：①奇论妙语，是指通过让用户意想不到的见解引出话题，造成"此言一出，全场皆惊"的效果；②即景生情，是指就眼前人、事、景为开场话题，然后引申到主题中，注意不要绕圈子和离题；③故事，是指通过以一个与演说主题密切相关的故事或事件作为开场白，更容易调动用户注意力；④提问，是指在开场就提出一个问题，让听众产生思考，但需要注意问题要符合实际和规律，要和发布会主题及用户相关，以及能达到切入主题的效果。

第四，掌握产品发布会演说逻辑，可参考以下两个方法：①建立好语言

逻辑，首先要拟好大纲；其次每个观点间的关系要层次递进，然后观点与观点间要自然过度；最后要大量练习。②采用金字塔的表达方式是指以结论、论据、数据进行更为体系化的整理，然后表达出来，该方法可使演说内容重点突出，条理清晰，表达明确。

第五，运用好"双觉"。①视觉，是指通过身体语言，展示值得信任的形象，一般分为四个部分（见图8-2）；②听觉，是指通过演讲的声音、语调、节奏，提高主讲人在发布会上增强对听众的影响力，提高演讲内容的说服力。

图 8-2 视觉语言的四种表现载体

一场成功的发布会，需要掌握的理论、技巧还有很多，不是三言两语就能够讲得透的，也不可能一时就可以掌握的，还需要不断地学习。

三、找一个"顶级 KOL"做宣传

KOL,是指关键意见领袖,是属于营销学概念,通常被定义为:"拥有更多、更准确的产品信息,且为相关群体所接受或信任,并对该群体的购买行为有较大影响力的人。"2018年的贝恩咨询公司发布 2018 年度《中国奢侈品报告》,报告内容显示:"千禧一代"正在成为中国奢侈品消费的主力,而这一代人的消费习惯很大程度上受到 key opinion leader 的影响,也就是所谓的 KOL。以往的 KOL 可能是某领域内的专家,现在的 KOL 更接近于网红。群邑移动事业部策略总经理赵晨认为:所谓的"网红"和 KOL 其实并没有明显的界限,同样有着极大的影响力,同样拥有内容输出的能力,二者在概念上有交叉但又有不同。网红在一定程度上和 KOL 有所交集,网红一定要有较大的影响力,有高质量的内容输出。但如果同时在某一垂直领域有一定成就,就可以被称为 KOL。

不管是 KOL 还是网红,对于企业来说都没有什么区别,只要懂得利用好它们的力量即可,这一点,定制企业可以学习跳吧 APP 企业的做法,初期的推广主策略就是"与 KOL 合作"。

跳吧 APP 通过寻找自己领域内的 KOL,满足他们的需求,邀请他们使用 APP，然后通过他们的影响力去吸引普通用户。其具体步骤如下：

第一，进行前期的市场调研。从调查数据中得出，对于舞蹈圈的 KOL 来说，他们急需解决的需求有三点（见图 8-3）。

 健康的线上社交环境　　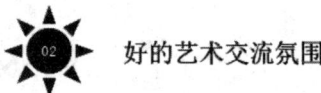 好的艺术交流氛围

 得到舞蹈爱好者的认可

图 8-3　跳舞圈 KOL 急需解决的三种需求

第二，在获得 KOL 的需求后，跳吧就开始通过微博、QQ 群、微信以及口碑传播让这些 KOL 知道跳吧能满足他们的需求，把他们吸引过来聚集在一起，如此一个极为活跃的社群就诞生了。

第三，激活 KOL 在跳吧的活跃度。跳吧会通过各种手段让这些 KOL 内容，比如跳舞生涯的故事，跳舞的技巧和对各种舞蹈的评价。同时，跳吧还会定期举办线下活动，比如各种舞蹈比赛和聚会，在加深 KOL 之间联系的同时，也提高 KOL 对跳吧的忠诚度。

当跳吧 APP 聚焦了舞蹈圈的 KOL 之后，这个舞蹈社群就衍生了无数个社群，粉丝辐射到舞蹈学校的学生、舞台以及普通的舞蹈爱好者。

KOL 是一股旺盛燃烧的营销大火，已经在营销圈掀起燎原之势，并且火势越来越旺。但另一方面，当下的 KOL 领域太过混乱，良莠不齐，一不小心，企业借势不成，反而引火烧身。所以，如何选择一个合适的 KOL 以及如何进行合作就成了其中最重要的关键点。

1. 了解不同 KOL 层级

根据影响力的深度及广度，KOL 可分为不同的层次，企业可根据自己的需要和营销成本预算做合适的层级选择。因为相对来说，层级越高的 KOL 越贵，但不一定层级高就适合自己，所以还是看每一个层级的特点。

第一级：草根用户。具有小规模的粉丝和影响力，这类 KOL 数量大，常为起步账号或内容创造者。

第二级：达人 KOL。存在于高度细分的兴趣或者话题领域中，粉丝规模较小，但是影响力较为聚焦。所以如何细分行业的定制企业，可以选择与达人 KOL 合作，不过这种 KOL 只能起到营销的带动作用，转化率并不高。

第三级：垂直 KOL。细分行业或是垂直领域知名度极高，与粉丝的紧密程度高，粉丝黏性大。与此类 KOL 合作，能带来较大的转化率，但是只适合和 KOL 一样领域的定制企业。比如张大奕就是属于服装领域内的 KOL，她推荐的服装、鞋包，粉丝都较为认可，但是如果推荐其他产品，则效果一般。

第四级：顶级 KOL。是指名人、明星级别的 KOL，他们的影响力和明星无异，大众认可度高，流量大。比如 PAPI 酱、刘宇宁等。

2. 要找人设清晰的头部 KOL

KOL 是关键意见领袖，是指在行业中掌握话语权的人，并不是有流量的大号都能成为 KOL，因为一些 KOL 完全是负面炒作产生的。同时，还要找人设清晰的 KOL，例如时尚 KOL 徐老师的人设是水晶女孩，这个人设非常适合一些走清晰风格的品牌。

3. 重点是买故事而不是买流量

企业与 KOL 合作最重要的目的不是利用他的流量，而是利用他的影响力去讲一个故事。所以，如何讲故事，双方的合作能否成就一个新故事，这个故

事用户看完之后是否会产生惊喜,能否提升品牌形象就非常重要。要想清楚这几个问题,才能与KOL合作,否则就是白白浪费代言费。

4. 让KOL有权利和企业联手创造内容

想要获得KOL的粉丝,就要让KOL深度参与项目。因为没有人比KOL更了解自己的粉丝。KOL知道什么样的内容粉丝才会喜欢,什么样的内容点才能激发粉丝的购买欲。所以,在合作时,企业千万不要一副"甲方爸爸"的态度"我说什么就是什么"。

5. 不要把数据作为KOL的评估标准

与KOL合作最大的一个问题就是流量、粉丝、数据造假的问题,这个现象之所以产生是因为这与营销界只看数据的KPI考核方式有极大的关系。所以,在选择KOL时,不能只看粉丝数、浏览量与曝光度,更多的还是要关注与KOL的互动频率,以及对方的粉丝黏性。如果只光有流量没有转化,是无法实现企业通过KOL的带货效果的。

当越来越多的企业选择KOL作为自己品牌的代言人,他们就成了品牌与用户面对面近距离交流的桥梁,KOL的一言一行都可以看作是品牌的行为。此时,如何选择合适的具有正向价值的KOL成为企业当前必须重视的工作。所以,掌握一定的KOL选择以及合作技巧是非常必要的。

四、为你的"定制"讲一个好故事

企业如果要推出一个新的定制产品,如何才能让它广为人知?对了,就是讲故事。维珍集团 CEO 理查德·布兰森提到:"让品牌说故事,是一个可以区别品牌,建立特色的方式,一个好的企业家必须要,也该会说故事。"也有研究显示:"当品牌拥有一个良好的故事营销系统时,产品在用户心中的价值就能达到超过 20 倍的翻涨。"这意味着,说一个好故事的价值远远超过其他的营销手段。然而,说故事的方法有千万种,如何才能讲一个好故事,并让故事达到该有的营销效果呢?

说到定制行业应用故事营销的案例,海尔可谓是最佳的代表。营销人士基本没有人不知道海尔砸冰箱的故事。

1985 年,张瑞敏的一位朋友要购买冰箱,结果挑了多台冰箱都出现了毛病,为了顾及张瑞敏的面子,朋友勉强拉走了一台。此事对张瑞敏的打击极大,朋友走后,马上派人检查库房中的 400 多台冰箱,发现有 76 台冰箱存在各种问题。

检查后,张瑞敏把职工召集到车间,询问解决办法。大部分表态说:"也不是大毛病,不影响使用,低价处理,或者是低价内销。"张瑞敏听到这些答

案后非常生气，他说："我今天要是把这 76 台冰箱低价卖了，就等于允许你们明天再生产 760 台有问题的冰箱。"

说完这话后，张瑞敏就宣布要把这些冰箱全部砸掉，谁生产的谁来砸，自己先砸第一锤。这次的砸冰箱事件震撼了不少员工。

此后的一个多月时间里，张瑞敏发动和主持了一个又一个会议，会议的主题只有一个："如何从我做起，提高产品质量。"三年以后，海尔获得了我国冰箱行业的第一块国家质量金奖。

先不说张瑞敏此次的砸冰箱时间对企业内部产生了什么效果，但对外的营销效果确实是影响非常大的。不知读者是否发现，海尔其实不怎么做广告，但是海尔在用户的心中却有着非常高的地位，是服务最好、质量最好的家电企业。为什么能产生这种效果呢？这就和张瑞敏砸冰箱的故事分不开。

在当年的商业环境下，张瑞敏砸冰箱的故事让用户产生一种感觉，感觉到海尔对质量的高要求，海尔是一个负责任的企业，海尔的产品可以放心买。张瑞敏只砸了一次冰箱，甚至已经发生了几十年，但是海尔天天讲、月月讲，除了老用户，许多新用户也知道这个故事，并从这个故事中获知了海尔对产品有着超高的品质要求的信息，从而都信服海尔是质量第一的品牌。

从海尔砸冰箱的事件中我们看到了故事的强大作用，但是如何才能为自己的产品讲一个好故事呢？

1. 遵循故事的三个原则

一个好故事的诞生需要遵守三个原则：

第一，相关性。好故事一定是为了更好地说明主题，阐述重点，所以相关性非常重要。比如海尔砸冰箱的故事主题是质量，所以这个故事就是围绕"品质"来讲述的。

第二，针对性。不同受众对故事的理解是不同的，所以，在讲故事时，要根据目标受众来选择不同的故事。例如海尔之所以着重宣传砸冰箱的故事，是因为海尔的目标用户对家电产品的质量有着超高要求，所以比起其他管理或者张瑞敏创业的故事，他们更喜欢听和产品质量有关的故事。

第三，深刻性。一个好故事不能太过庸俗，更不能是一个简单直白且毫无意义的笑话。故事一定要蕴含深刻的意义，能引发受众的思考，升华受众对产品的情感。比如褚橙的故事，就有着奋斗不止、坚持不懈、不畏艰险、勇往直前的意义。听完这个故事后，受众就会思考如果我是褚时健，我能做到这样吗？并把佩服褚时健的情感转移到褚橙品牌上。

2. 选择合适自己的故事类型

一般情况下，故事有以下几种类型，企业可以选择符合定制产品特色的故事类型进行讲述：

类型一：创业型故事。一个品牌或一个产品从无到有，其过程往往是成就品牌的关键，创业者的个性与创业时期的故事，可能就决定了品牌基因或者产品基因。而当一个企业成功时，人们似乎更愿意去听创业者成功前的故事。比如马云的创业故事就一直被疯传，从数学考几分到KFC面试失败，再到组织十八罗汉创立阿里巴巴的故事……每一个故事都在互联网上、在用户口中疯传。而每一次传播，都是对阿里巴巴知名度的扩大。

类型二：历史型故事。时间其实也是企业的一种资产，只有优秀的企业才能经受时间的洗礼。所以，企业可以讲一讲自己的历史故事，比如从百年前企业创立时的情况，期间经历了哪些事件，企业又是如何从这些危机事件中生存下来，成就了今年的知名百年品牌。如定制服装品牌龙凤牌讲的就是历史故事。龙凤旗袍源于1936年，属于非物质文化遗产，是中华老字号，更是中

西缝纫工艺结合的典范，海派旗袍手工制作工艺的传承者，纯手工制作、量身定做的中式服装品牌。因为有优秀的历史，所以它有很多历史故事可讲，比如20世纪20年代上海的服装演变，企业又是如何抓住了这演变趋势，成为今天"海派旗袍"定制品牌的代表呢？

　　类型三：传播型故事。现在是创业时代，出现了许多新企业、新品牌。但这些企业可能会面临，创业故事没有意思，也没有悠久的历史，所以没有什么故事可讲的局面。其实新企业也有新企业的故事讲法，主要看如何切入。褚橙的故事就是一个典型，以褚时健的传奇人生为线索，加上十年磨一剑的毅力以及敢于重启人生的勇气，很多人首先就被这个故事打动了。

　　类型四：相关型故事。如果是较有实力的企业，其故事就不一定局限在以上三种，只要能和用户产生联系即可。淘宝打造的购物节就是属于这种类型的故事。把"双十一"与用户的购物行为连接起来，并通过各种手段让用户感觉"双十一"就应该"买买买"。

　　实质上，不仅是在生活中，在现代的任何环境下，故事带来的影响力都是毋庸置疑的。创业要讲故事、产品要讲故事、销售要讲故事、文案要讲故事、品牌也要讲故事。所以，如果你想让你的产品和品牌更有影响力，用户自发地产生定制行为，那么就一定懂得讲故事——会讲故事的企业，销量一定不会太差。

五、用户口碑是小众定制变大众定制的利器

　　口碑传播指的是个体之间关于产品和服务看法的非正式传播，其最重要的一个特点就是可信度。因为一般情况下，口碑传播是发生在朋友、亲戚、同事、同学等较为密切的群体关系间。在口碑传播之前，他们就建立了更为稳定且长久的关系。因此相对于广告、商家推荐，他们更信任口碑传播。我们可以想象一下：如果你需要定制一款冰箱，当你看到电视上有海尔打的定制冰箱的广告，此时你可能只知道原来海尔有定制冰箱的服务，但不一定会产生购买行为，还需要经过多家比对。但是，如果此时你有一个很好的朋友和你说："去海尔家定制吧，它家的定制冰箱真的很好用，我就是它家定制的。"听了这话，即使你可能不会立即进行定制行为，但是在其他企业与海尔条件一致的情况下，你会因朋友的口碑推荐而把海尔作为首选。所以，企业不要小看口碑传播的力量，它不仅是众多营销手段中转化率最高的方法，其营销辐射范围也不比其他营销方法差，特别是在如今的互联网时代，口碑营销已经不局限于用户的朋友圈关系，掌握得好，它就能通过网络产生病毒效应。

　　2018年有一部电影《头号玩家》就是通过口碑传播获得了高票房。在电影开始的前几天表现并不亮眼，但最后却实现了逆袭，原因就是在复活节假期

前4天做好了口碑传播的工作。现在我们就来看看具体情况。

第一天：为了配合复活节搞联动，电影提前一天上映，在周四（3月29日）上映。而在周三晚上七点，影片已经在部分影院提前上映，当晚票房为375万美元。

上映前夕，《头号玩家》在烂番茄的新鲜度为78%，但想看人数达到98%，这与它之前在电影节进行全球首映，引发的口碑发酵有着很大联系，此外3月时也在得克萨斯州举办过一次VR俱乐部的线下活动。两次活动，为《头号玩家》的口碑爆发埋下了伏笔。

第二天：周四下午，《头号玩家》拿到了1200万美元的成绩。其数据分析公司Relish Mix认为，这部电影的成功很大一部分是因为口碑。这部电影聚集了一大批原著粉和游戏迷，他们会去分享所喜欢的预告片瞬间和书本段落，并去推测斯皮尔伯格会如何来展现这些元素。

第三天：周五上午，《头号玩家》获得A-的综合评价。56%的25岁以上观众参与了投票，44%的25岁以下观众给了它A-，而26岁以下且18岁以上的人，给的也是A-。这个数据表明大量的年轻观众带动了《头号玩家》口碑在社交平台的增长。

第四天：周六上午，《头号玩家》即将以5230万美元的首周末成绩超过预测数字。这代表《头号玩家》已经成功了一半。而基于这四天的积累，《头号玩家》的口碑正式爆发出来，从原著的小众用户开始辐射大众用户。

从《头号玩家》的这个案例中我们可以看出口碑传播的重要性，本来以为已经失败的电影却因为口碑实现了逆袭。这种现象在中国的电影史上也不少见，比如动画片《大闹天宫》、文艺片《驴得水》都是在口碑的带动下实现了票房的爆发。

1. 口碑传播的运行要点

要点一：产品质量过硬。做好口碑传播的前提就是企业的产品质量一定要过硬，体验一定要比同品类的产品优秀，否则口碑传播就会变成"最大的谎言"，一旦这个"谎言"被用户戳破，企业受到的负面影响是无法估计的。

要点二：讲一个带病毒的故事。口碑传播想要成功，就必须具备和"病毒"一样的快传播性。也就是说，必须有一个原因让用户愿意主动去传播这个故事。它可以是感人的、有争议的，甚至是一个笑话都可。不过需要注意的是这个信息必须是正面的，且是用户自己传递的。

要点三：通过用户进行口碑传递。不少企业喜欢用那些KOL进行口碑传播，但是行业内的KOL不会太多，且成本高，KOL只能起一个带头或者催化作用，真正的口碑传播还是要用户来完成。所以，企业要针对自己的目标用户，引导他们进行口碑传递。

要点四：要用数据证明口碑真实性。口碑传播不是你说好就好，要有一定的佐证。证明口碑真实性的方式就是数据。当用户因为口碑传播了解企业的产品后，如果产生质疑的想法，企业提供的数据无疑是打消质疑的最好方式。

要点五：建立口碑传播的反馈机制。该机制的建立要做到两点：一是针对负面传播的反应速度要快，负面传播一出现就要做出反应、分析原因，给出解决方案；二是坦诚面对出现的问题。如果产品确实存在问题，就要勇敢承认，并给出解决方案，如此反而还能给用户留下"知错能改、勇于承担"的正面形象。

2. 利用STEPPS加大口碑传播力量

宾夕法尼亚大学沃顿商学院营销学教授乔纳·伯杰提出了"口碑营销"

的六个关键因素"STEPPS":

S:社交货币(Social Currency):社交货币就像人们使用货币购买商品和服务一样,使用社交货币能够获得家人、朋友和同事的更多关注、好评和更积极的印象。比如你最近定制了一个非常好看的马克杯,你就会分享给你同样喜欢马克杯的闺蜜或者同事,然后得到她们的认可,这就是铸造社交货币。社交货币的铸造可通过以下三种方式:

通过产品内在的吸引力。也就是产品足够好,让用户自动分享传播。

引导用户进行产品分享。比如企业可以通过一些奖励措施让用户在朋友圈分享自己对产品的体验成果,让用户得到好友的认可。

制造稀缺感。比如制造市场紧缺的现象,从而让用户下意识产生因为"产品太好用,所以才紧缺",然后引发关注、讨论,最好产生定制行为。

T:诱因(Trigger):某些刺激瞬间激活人们的记忆,让他们想到与品牌相关的内容,这种刺激就叫诱因。乔纳·伯杰表示:"诱因会帮助激活对某种产品和信息的重复性口碑传播,其中要强调两个关键因素:周边环境和建立链接。建立一个专属于两者之间的特定链接非常重要。在设计诱因的时候,我们也要十分注意,诱因发生的频率也会在很大程度上影响口碑传播的效果。"也就是说,有效的诱因要具备激活频率因素,也就是刺激物能够频繁地出现在用户的日常生活中。例如王老吉和怕上火的结合,红牛和疲累的结合。

E:情绪(Emotion):是指让用户对产品产生情感上的共鸣。研究证明,有感染力的内容经常能够激发人们的即时情绪,也只有强烈的情绪,才能激发用户的分享欲望。惊奇、兴奋、幽默、愤怒和焦虑这五种情绪最容易引起用户的分享和转发。

P:公共性(Public):乔纳·伯杰认为,人们都有模仿和从众的心态,社会影响会产生集群效应,所以要让你的产品有公共性。我们去饭店喜欢看邻桌点了什么菜,逛街时喜欢购买爆品,甚至连看电影都喜欢看大热电影,就是因为公共性的原因。而要让产品具备公共性,从而产生口碑传播,就要增加可视性。苹果手机的电子邮件都设置了自动默认"发自我的 iPhone",为自己做广告,增加了产品的可视性;像麦当劳、星巴克的漂亮的包装袋,用户拎着在大街上或回到办公室,也都是为了增加可视性,从而引发用户的模仿行为。

P:实用价值(Practical Value):是指产品只有具备实用价值,才能给用户带来利益,用户才会喜欢分享。乔纳·伯杰表示:"与他人共享有用的信息,帮助他人解困,揭示真相、节省时间、给人们带来快乐、让人们更加健康,这些实用价值会增强产品和思想的传播性。"比如海尔推出定制冰箱满 1000 减 100 的活动,用户 A 看到了这个促销活动能给我或者我的朋友带来经济价值,就会分享到朋友圈。

S:故事(Story):故事是一种最原始的娱乐形式,故事更方便人们记忆,而且某一类的故事更方便大家记忆。故事的营销作用我们在前文已经有过阐述,所以企业可以为自己的产品设计一个故事,以激发口碑的传播效果。

在互联网时代,口碑对于一个企业而言是至关重要的,看了这么多口碑营销案例分享以及相关技巧,对于如何成功地运用口碑传播也有了自己的认知。所以,在下次进行产品推广时,也不妨借用口碑的力量。

第九章

产品提交：只有好的服务流程，才有大的定制经济

> 纵观定制市场，可以发现一个非常有趣但又可惜的现象，有许多企业因为"临门一脚"而失去了定制业务。什么是"临门一脚"，就是没有把定制产品提交的这个流程服务做好。实力有了、技术有了、用户有了，但就是因为企业忽视了这一点，而导致了定制业务的失败。

一、定制服务的前提是组织定制团队

团队，不管在哪里都是极其重要的存在。一支好的团队才是成就事业的基础，正如我们看到的阿里早期的"十八罗汉"、腾讯的"五虎将"、携程"四君子"，任何伟大的成就背后都离不开一支优秀团队的支撑。定制企业如果想做好定制业务，更要打造一支专门服务于定制的高效团队。

说到团队，马云的"十八罗汉"可以说是最为成功的典型代表。马云曾多次在公开场合发表了为自己能拥有这样优秀的团队感到骄傲的感言。他一直都非常重视团队和人才。比如2018年6月27日，马云在杭州与首批获得自己在澳大利亚纽卡斯尔大学Ma-Morley设立的奖学金的30名学生谈话时，就直言："自己是世界上最幸运的人，这么多有才能的人加入到阿里巴巴，完美的团队是阿里巴巴成功的重要原因。"

马云说："有时一个工程师去说服别人可能很难，那我去说服他，但做程序我不行，要让技术人员去做。投资人讨厌我，因为我谈的方式不是围绕着数字，所以我让蔡崇信去谈，而当面对创业者时，蔡崇信知道创业者不喜欢他，因为他总是聊数字，所以我和创业者去谈。"这是马云对一个成功团队的看法，每个成员都有自己无法替代的能力，每个成员都能和其他成员形成互补。

第九章 产品提交：只有好的服务流程，才有大的定制经济

团队的重要性不言而喻，但组建一支如马云口中的完美团队并不简单。在现实的团队管理过程中会遇到各种各样的问题，比如团队的执行力低、缺乏责任心；团队的创新性不足，设计出的定制产品总是无法满足用户需求；比如团队成员都很努力，但总是完不成业绩目标；团队缺乏成长的动力，老员工跟不上团队的节奏；团队缺乏新鲜血液，无法留住新人……

这些大大小小的问题该如何解决？99%的原因都是在人才的选择、配置、管理或者培养上出现了问题。

1. 选人：合适的才是最好的

酒与污水定律中说"一勺酒倒进一桶污水，得到的是一桶污水，把一勺污水倒进一桶酒里，得到的还是一桶污水"。这表明，如果团队中有一个不合适的人，就会把团队拖垮，有一个优秀的人才进入了糟糕的团队，优秀的人才也会逐渐变得平庸，逐渐成为糟糕团队中的一员。所以，与其花费很多不必要的精力去培养不合适的人，不如花更多的精力在选择合适的人上。让团队中的每一个人都是最合适的人才。以下有四条人才选择的通用标准。

标准一：人才要和企业定位、价值观相符合。此处有一个标准，企业必须遵守："高学历不等于高能力，高能力不等于最适合。"在选择高学历和高能力的同时，还要考虑和企业定位、价值观相符的问题，这样选出的人才才能帮企业创造效益。

标准二：有独当一面的能力。在上司充分授权的情况下，遇到问题时不会事事请教老板，可以独自解决，并解决得很好。优秀的团队需要的是能解决问题的人才，而不是事事等安排的员工。

标准三：有大局观。我们经常听到一句话"要以大局为重"。有大局观的人一般都会表现为集体利益为先、目标明确、意志坚定、敢于担当，具有高度

的团队合作意识，并且善于激发团队成员的工作积极性。这种类型的成员还具备战略思维，能够准确把握团队的发展意识，有效理解企业的战略意图。当问题发生时，他们不会推卸责任，而是第一时间查找原因，积极地制定补救对策，把损失降到最低，然后提出改善方案，推己及人，全面规避。

标准四：与团队同频率的人。这个频率包含三个方面：一是上文所说的价值观，与价值观相符；二是技术同频，也就是工作技能不会和团队成员有太高的落差，能和其他成员的工作效率同步；三是发展同步，是指对未来的发展规划同频，比如定制企业的设计团队成员，其他团队成员想着是设计出好产品，而其中一个却是想设计出好产品后能高升或者跳槽，这样的人如果在团队里的比例过多，就会导致团队溃散。

2.搭配：根据团队角色配置成员

根据组织行为学的研究成果，一个成功的团队需要以下九种角色的搭配：

角色一：创造者。这种人一般非常有想象力，能提出新观念或者新概念，不过他们喜欢自由和以自我为中心。希望能按照自己的习惯和方式工作，不太愿意接受团队的束缚。

角色二：探索者。这种人愿意接受创造者提出的新观念和新概念，并且喜欢研究和利用他们。

角色三：组织者。这种人喜欢制定工作操作程序，善于制订计划、组织人力，是个很好的新计划的筹办人。

角色四：生产者。这种人一般是在工作中承担着具体的工作任务，是把新观念和新概念变成结果的人。他们引以为荣的就是自己生产的产品符合质量标准或者自己具有高超的专业技能知识。

角色五：检查者。这种人擅长检查规章制度是否落地和遵守，关系工作中是否出现问题，是个善于发现分析问题的人，可以帮助团队及时纠正错误，提前避开风险。

角色六：维护者。这种人做事非常有原则，且对其他团队成员的工作非常支持，这种角色的存在能够增强团队的稳定性。

角色七：倾听者。这种人是很好的听众，善于为团队收集信息，包括产品信息，用户反馈信息。

角色八：评价者。这种人具有超强的分析能力，擅长分析、评估项目方案。可以帮助团队在产品落地前验证产品的可行性，检查产品是否存在问题，是否还需要进行修改。

角色九：协调者。这种人性格平和，能言善道，社交沟通能力强，能够解决团队之间的矛盾，保证团队成员之间的合作关系。

3. 管理：组建团队容易，管理团队不容易

打造一支高效的团队，困难的不是选择和搭配人才，困难的是管理团队。不过，只要掌握以下五个核心点，就能够打造出一支战斗力超强的无敌团队，提升企业的定制业务业绩。

核心点一：组织架构要明确。是指谁在什么位置、负责什么事情一定要清楚明确，不能两个人交叉负责，更不能出现集体领导的现象和模糊的领域。

核心点二：权利与责任对等。既要团队成员承担责任，也要赋予他对等的权利和资源投入。不能"既想马儿跑，又不给马儿吃草"的情况。

核心点三：管理扁平化。团队内不要设置太多级别，不要出现一件工作的请示需要层层请示，从小组长到组长、组长到主管、主管又到经理等的现象。要让员工能直接找到可以拍板决策的人，实现业务的高效运转。

核心点四：顺畅的沟通，没有沟通，就无法了解团队成员的真实想法以

及企业运行的真实情况。沟通的不顺利会拉大团队管理者与团队成员之间的距离。为保证顺畅的沟通需要做到四点（见图9-1）。

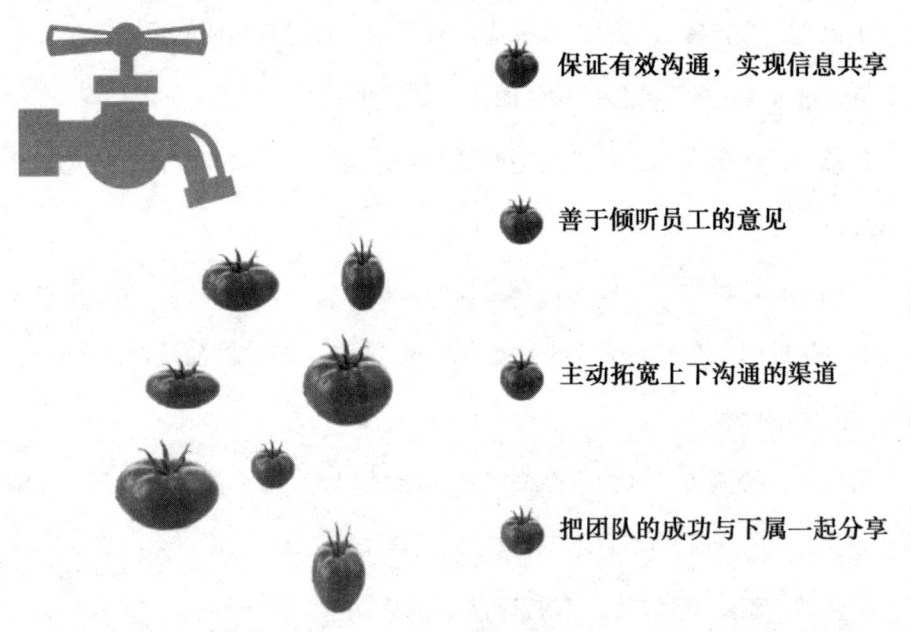

图9-1 顺畅沟通需做到四点

核心点五：奖罚公平。团队成员完成任务就有奖赏，有错误就要惩罚，且要做到公平、公正、透明，管理者不能因私心偏袒任何人。如此，在进行奖惩时，团队成员才能心服口服，同时也能让奖罚制度发挥出应有的管理效果。

组建一支成功的团队并不容易，当下的商业环境变化极快，传统生产模式能在短时间内变成定制生产模式，团队的管理理念和方面更是日新月异，可能今天有效的方法，明天就失效了。所以，定制企业如果想组建一个具备持久战斗力的高效团队，就要让自身具备终身学习、发现问题、持续改善、与时俱进的能力。

二、与用户充分沟通，明确需求

在定制的过程中，企业和用户的沟通是非常重要的。如果沟通出现了错误，要么用户放弃定制行为，要么企业理解错了用户的定制需求，设计出用户不需要的产品。所以，保证与用户清晰明确的沟通，是定制方案设计中非常重要的环节。那如何做到与用户的充分沟通呢？这就要依靠客服。

不少人，认为客服是企业中的边缘团队，其实客服是企业中最重要的团队之一。因为他们离用户更近，能听到用户更真实的声音。他们绝不是接接电话打打杂的这类小角色，更不是接受用户吐槽甚至谩骂的受气包。对于定制企业来说，客服更是不可或缺的人物，因为他们需要和用户进行充分的沟通，并充分理解用户的表达。所以，完善的客服体系更是不可或缺的。

而定制企业要想拥有完善的客服体系，关键的是要做好细化岗位需求工作。

岗位需求根据客服团队所需要承担的职能确定，人员数量则要依据业务量确定。通常情况下，客服需要承担的工作包括这几个方面（见图9-2）。至于客服数量的多少，则根据企业的定制业务需要，如果业务规模大，可能客服量就较大。

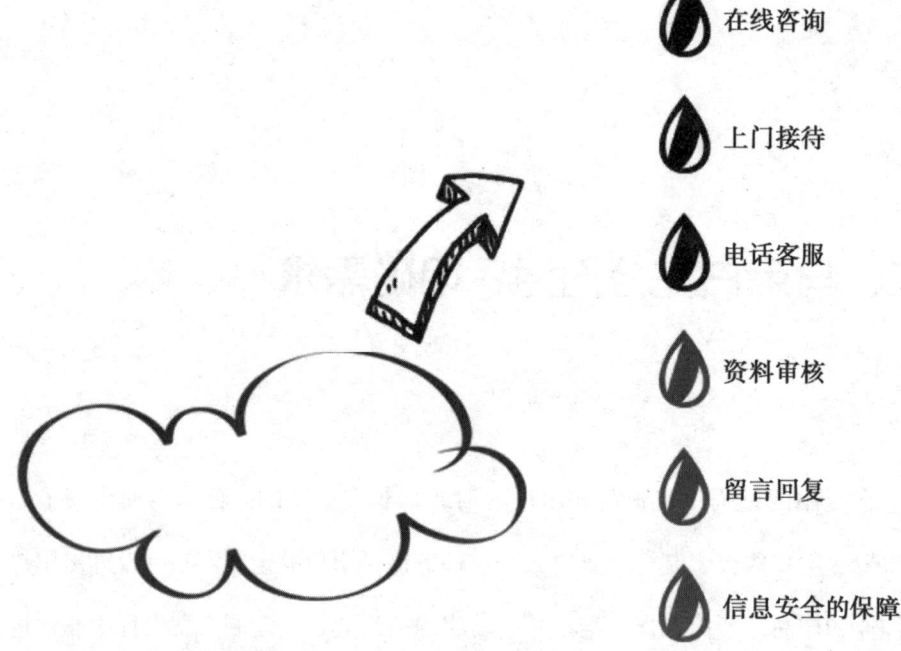

图9-2 客服需承担的工作

1. 细化人员、设备配置

人员配置的多少是指需要多少人,设备配置则是指交换机、电脑、设备人员补充、电话之类。以下六大因素决定了客服人员配置与设备配置的数量:①用户群体数量;②外部需求数量;③专业要求高低;④实时性要求高低;⑤工作时间多寡;⑥业务耦合度高低。

2. 确定客服岗位所需流程

每个企业定制业务不同,工作流程也不尽相同。总体来说,需要考虑以下三个因素:

第一,对客服岗位的工作进行精准划分,比如具体负责什么工作,担任什么角色,起到什么作用。

第二,详细计划用户接待的每个环节点,将之变成可执行的工作流程。

比如用户通过客服进行人工下单，客服要问出哪些信息，在什么地方进行报错，什么样的提示代表下单成功等。

第三，通过业务培训文档、知识库，对业务进行详尽描述，让客服充分了解内容，并能有效运用于客服工作。比如当用户在下定制产品的单子时出现异常情况，以至于产生焦躁情绪，客服应该如何安抚。

3. 通过激励手段激活客服团队

由于客服特殊的工作性质，所以在设计激励机制时就不能采取日常激励措施，在设计激励方案时要考虑到以下几点：

第一，精神与物质激励并行。一个好的客服团队很少像普通办公室一样用季度或者年度为单位进行考核，其激励要在日常工作中经常体现出来。此外，精神激励和物质激励要并行。比如每日一份感谢卡，每周一个话务量最高奖，本月最佳新人等，同时配以一定的物质奖励。

第二，长期目标与短期目标并行。由于客服团队是一种劳动密集型集体，如果只是注重长期目标，客服将承受巨大的压力，从而影响到工作质量；如果只注重短期目标，则会造成与企业的目标相脱离的负面现象。所有使用目标激励手段时，要注意长、短目标的结合。此外，还需要注意所有的目标结果要是可衡量的、能量化的。

第三，开展各种竞赛活动。竞赛对客服团队非常重要，良好的竞赛设计可以让员工进行自我激励，同时还能化解因为压力带来的紧张感以及重复工作带来的无聊感。

第四，正面激励要多于负面激励。客服代表每天的工作基本上就是通过电脑、电话和一群陌生的用户打交通，同时还要承受工作上的压力，如果此时还采取负面激励，那么会直接导致客服人员的心态崩塌，或者直接产生负面情

绪。所以日常工作中还是要多采取正面激励手段，如不是特别严重的情况尽量不要采取负面激励手段。

第五，按时兑现承诺。尽量估计企业内外大小环境的变化趋势，降低"因无法抵抗因素"而不能兑现承诺的概率。无法兑现承诺的情况，不仅在客服团队里产生负面影响，在企业的其他部门也是一样的。

4. 了解定制企业的客服不同于普通企业的客服

与普通企业的客服不同的是，除了日常的客服，定制企业的客服还需要加入一种角色，就是负责定制产品设计的设计师，不过这属于定制化程度较高的企业。一般的定制产品，只需要普通客服即能满足。比如"全屋定制"类企业的产品定制化程度较高，所以就需要设计师承担重要的客服工作。

这一点，全屋定制品牌企业"我们家"就做得非常好，直接导航设置了"设计师"链接。同时还进行了类别设计，有高端工作室、首席设计师、普通设计师，用户点击进去，就可以根据自己的需求与设计师直接沟通。相比于普通的客服，设计师更加专业，更能准确理解用户的需求。

5. 在其他方面进行客服协助

有时候企业的客服可能无法及时响应服务，但是用户又想了解相关信息，所以企业要做好其他方面的补充措施，协助客服的工作。

普及酱香型酒在这一点上就做得非常好，除了在定制时与用户进行充分的沟通，还提前在各大渠道发布关于定制流程的信息，先让用户做到了然于心，以便日后沟通工作的进行。其发布在微信公众平台的定制酒流程如下：

第一步：客户提供需求告诉定制酒的使用场合、预算、要点以及供货的时间等要求。

第二步：为客户量身打造定制方案。专业策划设计团队会根据客户的具体要求以及个性化元素，为客户设计两三个定制方案，如果客户对提出的定制方案不满意，将重新为客户策划设计，直到客户满意为止。

第三步：确定合作并签订合同。在客户确定最终的策划设计与方案后，将与客户签订正式的采购合同，并立即制订相关的定制计划，安排生产、包装与配送等相关事宜。

第四步：生产、包装与配送。全程跟踪生产、定制、包装、配送等相关流程，并及时向客户汇报订单进展情况。

第五步：送货上门。完成订单在定制酒生产完毕后，将货品给客户送达指定地点。

第六步：后期跟踪服务。订单完成后，定期进行回访和跟踪，以满意的服务来感谢客户的支持。

三、提供定制产品方案，给用户最好的选择

方案设计是指企业就用户提出的需求设计出系统的、具体的解决方案并进行规划。它是一个极富有创造性的设计阶段，同时也是一个十分复杂的问题，它与设计者的知识水平、经验、灵感和想象力等相关，包括设计要求分析、系统功能分析、原理方案设计几个过程。该阶段主要是从分析需求出发，确定实现产品功能与性能所需要的资源，并给用户提供虚拟产品图。企业可以根据用户需求，运用自己掌握的知识与经验，选择合理的资源，构思出让用户满意的需求解决产品方案。

1. 设计前：理清思路，才能设计出好方案

要给用户提供一份满意的方案，第一步就是理清思路。这里的思路是指当企业已经了解了用户的需求，并明确产品功能所面向的场景与定位后，应该如何着手去进行这份方案，在动手设计前，需要先理清哪些内容？其主要有三点：

第一，明确功能自身属性。产品的每个功能都自带属性，这个属性就是设计师对这个事物的描述，简而言之就是功能自身的属性，就是它具备了哪些能力，能满足用户哪些需求。比如冰箱的保鲜功能，保鲜能让我们想到什么？

就是保护产品的新鲜度。当用户提出要定制更好的冰箱保鲜功能时，设计师是不是就给其加大效果或者空间就好了？当然不是，设计师在方案设计的过程中要具备前瞻性和完整性，要主动挖掘并满足用户的一些潜在需求。比如用户想要更好的冰箱功能，那么设计师就要想到用户可能会一次性购买很多食物，食物种类繁多，那么它是否需要把食物分类摆放呢？这肯定是需要的，但是用户在描述需求时，可能没有想到。那设计师就要替用户想到，然后在保鲜的基础上增加食材独立摆放区域。

第二，考虑好功能所在入口。若想让你的方案获得用户认可，首先就要考虑设计的功能，用户是不是好操作。如果用户定制一些功能，但拿到产品后，却不知道从哪儿找这些功能，或者操作，那用户肯定是不满意的。比如全民K歌这款APP，它最大的功能就是K歌，那么"唱歌"这个功能就是首要的，于是就把这个功能作为一个固定入口，放在第一层级，让用户能一眼看到，并采取红色来吸引用户视觉。同理而言，设计师在设计方案时，也要把用户提出的需求功能放在显眼的位置，让用户一眼就能找到，并且对其的操作进行傻瓜式设计，不要对用户使用产生障碍。

第三，对方案设计进行整体分析。在方案执行前，设计师要进行设计分析，其主要考虑的因素包含功能、结构稳定、安全可靠、成本适当、易于制作。比如功能是否实用，材料是否可获得，成本会不会过高？

2. 设计中：掌握两个正确的方案构思方法

要做出好的设计方案，得到用户认可，除了要具备专业的知识，最重要的还要掌握好的方案。设计师如果能掌握正确的方案构思方法，方案就成功了一半。

方法一：比拟法。是指从近似的作品中获得启发，这是最常用的设计构

思方法。比如用户要定制一款手机壳,那么我们就可以思考其他设计师的手机壳是如何设计的,有没有我们可以学习或借鉴的地方。

方法二:隐喻法。是指把事物之间的关系做抽象比喻,和比拟法不同的是把事物两者的比喻关系放在平行的位置。比如我们用户要定制一款音箱,要求是外观要够有创意,够独特。那么,设计师就可以采取隐喻法,将定制音响的外观设计成一个女体,其隐喻是玛丽莲·梦露一样的性感。

除了要掌握一些正确的构思方法,如何正确地表达自己的构思也是设计时需要充分考虑的问题。一些设计师的方案之所以无法获得用户认可,很大一部分原因是表达不正确。其主要因为以下两点:一是词不达意。对产品功能的的表述不正确,用户在看方案时不理解。二是缺乏经验。设计师对设计项目缺乏了解或者不熟悉有关方面的情况,画出的产品图不正确。

3. 设计后:提供虚拟效果图,并与用户进行充分沟通

方案设计后,就要制作虚拟效果图,然后用户通过虚拟效果图看到成品图,并据此提出自己的想法。企业的设计师可以通过 VR、VI 等新科技让用户看到效果图,这一点我们在第三章已经详细叙述过。与用户确认最终方案,如果能让用户满意是最好不过的,但是我们经常遇到一位用户反复修改的情况。如果用户提出的建议是正确的,那还好办,但有些用户喜欢"外行充内行",提出各种不靠谱问题,然后让设计师不断修改。面对这种情况时,该怎么办呢?这就需要设计师拥有一定的沟通能力。

第一,把握用户的脾气。想要在确认方案时准确把握用户的性格、顺畅地沟通,就需要充分的前期交流和接触。前期,设计师把细节的东西都要一一沟通到位,包括用户了解的、不了解的、适合的、不适合的,以及设计风格、如何安装等等。通过这些细节的沟通,一方面尽可能做出让用户满意的方案,

第九章 产品提交：只有好的服务流程，才有大的定制经济

另一方面也是与用户性格的磨合，掌握用户的脾性，获取用户的信任。做好前期的工作，后期得到交流就会顺畅许多。

第二，不要害怕和用户"吵"。作为设计师，一定要有自己的立场，不能完全按照用户的想法。如果用户提出的修改意见不合理，就一定要反对，哪怕是和用户吵起来，也不能让步。不过在"吵"时要有理有据，并且让用户感觉到你是站在她的立场为她考虑的，这样反而不会得罪用户，还会拉近与用户的距离。

第三，让用户自己选择。确认方案进展到最后，就要确定价格。一些用户虽然对价格敏感，但是只要抓住对方的心理，也很好解决。就是把选择摆出来，告诉这个方案里所用的材料就是这个价格，如果觉得太高，可以选择价位低的，但是不管是档次还是服务都是和价格对等的。给出几个方案，让用户自己去对比，自己去选。在对比之后，用户就能得出每个方案的优劣势，最后自然还是会选择设计师推荐的方案。

在充分了解用户需求的基础上，定制产品设计师的下一步工作就是给用户提供产品设计方案。这是非常关键的一步，只有定制产品方案被用户认同了，才能进行产品生产，特别是定制化程度较高的产品，方案设计更是重中之重的工作。

四、管控定制全流程,并实现用户可视化

不管你设计的方案多么切中用户的需求,如果质量不过关,也是"白搭"。所以,管控好产品的生产流程,也是企业工作的重中之重,毫不夸张地说,定制产品制造过程的质量管理是定制企业工作的心脏地带。如果这一环节没有做好,企业就只能"消亡"。

1997年上映的贺岁电影《甲方乙方》中有一段情节,男主开办了"好梦一日游"的业务,根据用户提出的需求设置不同的场景来满足其愿望,从而获利。某汽车品牌推出以"用户为驱动"的C2B汽车定制化业务,也想达到电影中的双赢效果,结果却以失败收场。

因为定制化模式虽然能满足用户的个性化需求,但是对工厂生产线也提出了更高的要求。在该品牌推出的C2B模式下,满足用户一些个性化的定制需求,并不是完全靠生产线的自动化柔性管理实现的,而是通过人工。人工生产效率有限,且出错率非常高。有不少定制车车主都反映了车子存在发动机漏油、车身座椅生锈、车身共振等问题。定制模式的推出不仅没有帮助该汽车品牌提升多少销量,反而影响了品牌形象。最终,该品牌只能放弃该业务。

该品牌推出的汽车定制化模式是可行的,失败的原因是在生产过程中没有做好质量管理。如果能管控好生产质量,那么成功就近在眼前。

第九章 产品提交：只有好的服务流程，才有大的定制经济

如何才能管控定制产品生产的全流程，做好质量管理呢？企业可以参考以下几点：

1. 精细化、及时化、精准化

企业需要深入研究有关产品的生产、工艺、质检等环节的管理方法、控制手段、评价体系，同时引导生产过程中的质量管理业务的落地。而这就要做到以下三点：

第一，作业体系精细化。按照企业标准体系，强化生产调度、操作工、质检、工艺、车间管理层等关键岗位所对应的关键流程，对其规章遵守、程序履行、标准执行等方面的执行情况进行写实处理，并把岗位责任的结果性指标在作业现场和关键环节中落实，并强化"谁主管、谁负责"的管理原则。

第二，监管到位及时化。具体内容包括：强化日常隐患排查治理工作，以做到及时发现问题并且能及时处理。高度重视生产过程管理、质量监督运行中出现的非正常情况，必须做到"四个必须"（见图9-3）。

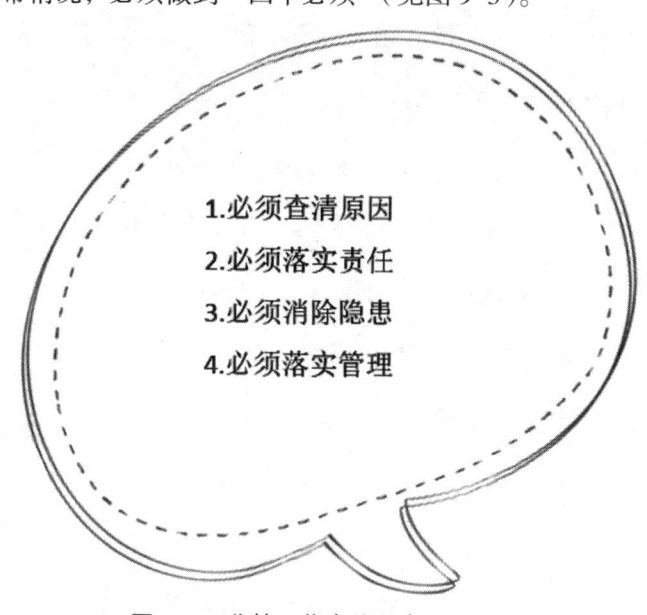

图9-3 监管工作中的四个必须

第三，管理提升精准化。是指以过程最小单位为对象，通过生产过程中

所收集到的数据,使用整合、分析、对比等手段,实时客观地反映生产过程,并建立以"工作指标"为衡量标准的评价体系,对产品的质量生产过程进行评价,并不断优化标准与执行流程,持续提高企业的自我驱动能力,以达到逐步提高生产控制精度与工艺管理水平的目的。

2. 掌握全面质量管理的常用工具

管控好定制产品生产的整个生产流程,保证产品质量,是一件非常复杂且庞大的工作,但是如果能运用一定的工具,则能达到事半功倍的效果。下面介绍几种常用管理工具。

方法一:因果图。当一个问题的结构受到一些原因影响时,把这些原因加以整理,成为有相互关系且有条理的图形,就称为因果图。其有三大作用:一是整理出产品产生的质量问题;二是追查质量问题产生的原因;三是寻找解决质量问题的方法。

在使用因果图分析质量问题时,需注意以下问题:第一,要以事实为依据;第二,剔除没有因果关系的因素;第三,多加利用收集的数据;第四,把重心放在问题的解决上,并根据结果提出解决问题的方法。

方法二:数据及检查表。所谓数据,就是根据测量所得到的数值和资料等事实。在该方法下,数据就等于事实,数据收集的重点包括:一是要收集正确的数据;二是避免主观的判断;三是要准确把握质量问题产生的原因。

在整理数据时需注意四点:一是在做原因分析以及制定解决方案时,必须以数据为依据;二是要清楚使用这个数据的目的;三是注意数据的时效性;四是记录数据时一定要做到正确与清晰。

方法三:层别法。是指对观察到的现象或所收集到的数据,按照它们的共同特征进行分类、统计。这是一种最容易观察到产品产生质量问题环节的方法。层别的对象具体有：生产人员、机械设备、作业方法条件、生产时间、原材料零件、测量检查环节、环境天气。

方法四：散布图。是指把互相有关联的对应数据，在方格纸上通过纵轴表示结果，横轴表示原因，然后用点表示出分布形态，根据分布的形态来判断对应数据之间的相互关系。这能起到三大作用：一是检查两个变数之间的相关性；二是从特性要求中寻找最适合的原因；三是预估未来走势。

3. 实现生产过程可视化，让用户变成"质检员"

在什么情况下，用户才会对自己定制的产品完全放心？肯定是在看得见的情况下。定制企业如果要做好产品质量管理的工作，除了要从企业内部下功夫，也可以借助用户的力量。如何借助用户的力量？就是把生产过程可视化，让用户变成质检员。

在这一点上，海尔就做得非常好。在海尔空调郑州互联网工厂，可视化是承载互联网工厂、保证产品生产质量的基本手段。海尔打破了产品封闭生产的传统模式，让用户从原先生产产品的"配角"变为指挥产品研发、设计、生产等全过程的"总导演"。用户不仅能定制专属空调，还能通过手机实时查看产品的整个过程。海尔实现了定制需求、定制内容、用户定制下单、工厂订单确认、个性化定制模块装配情况、订单下线、装车发货等10个关键性生产节点可视化运作，工厂内产品生产的一切进程用户都能看得见。

作为用户，当然希望买到好质量的产品；作为企业，高质量的产品不仅可以带来丰厚利润，更能为自身赢得好的口碑以及好的品牌形象，这是一笔无形的资产。所以，不要忽视这一环节的重要性。要从内外部入手，全程管控产品的生产质量，让定制成为真正的"符合用户需要，让用户满意"的新消费模式。

五、监督跟踪,保证定制产品售后无忧

在如今"以用户为主导"的新消费时代,售后服务已经成为企业保持或者扩大市场份额的首要条件。售后服务的优劣程度直接影响用户的满意程度。优质的售后服务是品牌经济的产物,在市场激烈竞争的当下,随着用户维权意识的提高以及消费观念的改变,用户不再只关注产品本身,在同类产品的质量和性能都相同的情况下,用户更愿意选择拥有优质售后服务的品牌。商场上流行一句话"把产品卖给用户才是销售的开始!"为用户提供定制服务,并不是说用户收到产品,企业的工作就完成了,还需要做到为用户提供拥有完美体验的售后服务。售后服务做好了,用户才会在下一次有相关需要时,第一时间想到企业。如果售后服务做不好,企业之前提供的服务再完美、产品再符合用户心意,用户心中对企业的印象也是负面的。

1. 提供售后承诺保证

这一点,家具定制品牌广州尚品宅配家居用品有限公司旗下品牌"尚品宅配"就做得非常不错,具体内容如下:

为保障消费者利益,凡在尚品宅配订购指定套餐产品成功的用户,可以享受以下产品保用的售后服务承诺:

一、定制家具(衣柜、橱柜)

(1)橱柜、衣柜、电视柜等柜类产品的柜身在正常使用情况下产生质量问题，消费者将享受自交货之日起五年内的免费保修服务承诺；橱柜台面保修一年（由于目前暂时仅为自营地区客户提供台面生产加工及安装业务，加盟地区的橱柜台面由加盟商在当地自行采购，故此项仅针对自营地区客户）。

（2）趟门缓冲器、普通滑轮在正常使用情况下产生质量问题，消费者将享受自交货之日起三年内的免费保修服务承诺；塑胶功能件保修两年；电镀五金功能件表面保修一年。其他易损件、易耗件不在免费保修范围。

定制类产品，受尺寸特殊性的限制，非重大质量问题，不宜退货。如对正常使用有影响，将为您更换相关部件处理。

二、配套品（宅配类）

（1）沙发面料在正常使用情况下产生质量问题，消费者将享受自交货之日起一年内（沙发框架五年）的免费保修服务承诺。

（2）软床、板木床、床品、床垫面料在正常使用情况下产生质量问题，消费者将享受自交货之日起一年内（床垫弹簧床芯保修十年、棕垫床芯保修五年）的免费保修服务承诺。

（3）餐台椅、电脑椅、休闲椅、办公椅、吧椅、茶几在正常使用情况下产生质量问题，消费者将享受自交货之日起一年内的免费保修服务承诺。

（4）灶具、消毒柜在正常使用情况下产生质量问题，消费者将享受自交货之日起一年内（烟机五年）的免费保修服务承诺（具体以电器说明书为准）。

（5）水盆、龙头、拉篮、刀、叉盘、米箱、挂件等厨房电镀功能五金配件在正常使用情况下产生质量问题，消费者将享受自交货之日起一年内的免费保修服务承诺。

2.设置售后服务内容

定制企业如果想做好售后服务工作，首先就要先设置好内容，一般来说

售后服务需要包含以下内容:

内容一:主动为用户安装、调试产品;

内容二:提供代为用户安装、调试产品的服务;

内容三:根据用户要求,进行使用方面的技术指导;

内容四:保证维修零配件的供应,不出现断货、缺货情况;

内容五:负责维修服务,并提供定期维护保养的服务;

内容六:为用户提供定期电话回访及上门回访;

内容七:承诺产品"三包"服务;

内容八:提供多种用户咨询、投诉渠道,并第一时间处理。

3. 对售后采取主动态度

当然,对于售后服务,只提供承诺是远远不够的,最重要的是能兑现承诺,同时企业对于产品的售后服务还要采取主动态度。在产品销售后,全程跟踪产品的使用情况。具体可参考以下做法:

第一,经常与用户联系。一是利用生日、结婚纪念日等特殊节日,给用户寄贺卡、发祝福、送小礼物;二是登门拜访,咨询用户使用产品的情况;三是电话、邮件、微信提醒用户相关情况,比如定制汽车行业,就可以通过"保养提醒""车辆托管服务提醒""代为年检服务提醒""违章曝光提醒"等相关警示服务,与用户保持经常性联系。

第二,调查走访用户使用体验。对于定制过产品的用户,企业安排销售人员及时收集反馈信息。如果用户感到满意,可咨询用户对哪一个功能体验最好;如果用户不满意,就要咨询用户原因,以此作为日后产品优化的根据。需注意的是,一定要做好跟踪表(见表9-1)。

表 9-1　顾客汇报记录表

顾客回访及售后服务记录表	
顾客名称	
地址	
电话	
传真	
订购产品的规格、型号、数量、开始使用日期：	
产品使用情况、顾客意见或建议： 　　　　　　　　　　　　　　　　　　顾客代表签字： 　　　　　　　　　　　　　　　　　　　年　月　日	

　　第三，做好售后维修跟踪服务。如果用户有维修需求，企业要第一时间响应，并在最短时间内上门解决问题。在维修的同时，也必须做好维修记录跟踪表，以便作为日后优化产品的根据。

　　售后服务既然能成为二次消费的起点，其记录就绝对不是一件简单的事情。所以，企业对于这方面的工作还是不能掉以轻心，需要不断坚持、完善。

第十章 实战案例：看定制消费在各行各业的应用

> 实质上，理论和方法都是从现实案例中而来，再经过对现实案例的分析再运用到现实中去。在定制消费行业中获取红利也是如此。都是从现实中来，再到现实中去。在前文的理论方法出来时，现实中已经有不少企业成为定制消费行业的成功者。现在我们就来看看这些企业到底是如何操作的，有哪些闪光点是适合我们参考的。

定制消费

一、汽车：长安，为用户提供专属座驾

在未来，定制化一定会在汽车行业占据主要位置，因为每个用户在购买汽车时多多少少总会有遗憾，比如有的配置用户很需要，但实际上汽车却没有，如果要满足就必须花更多的价钱去购买另一种汽车；有些配置用户根本不需要，汽车购买回来后，用户从未使用过，但是这些配置却已经算入汽车的购买成本，也就是等于用户白花了一部分钱。长安汽车显然是一家颇具前瞻性眼光的企业。

2017年4月6日，长安自建的电商平台"长安商城"正式上线，主要业务包含经营整车销售、个性化定制车、汽车精品、汽车保险等。4月10日，长安推出了新型车CS15，正式在长安商城推出汽车个性化定制。长安汽车自建电商商城的目的，就是为了推广自己的汽车定制业务。此外，长安汽车还做了以下几个方面的准备。

1.完成产品定制，企业需符合四大要求

在长安汽车看来，如果企业想进入定制消费行业，就必须满足以下三个要求：

第一，价格平衡化。这是指企业要把产品设计作为利润来源的考量因素

之一，定制化程度越高，企业的成本越高；企业需要付出的成本越高，产品价格也就越高。产品价格一旦太过昂贵，就很难实现规模化。

第二，销售去中心。要做到这一点，就要考虑好如何消灭分销环节，以及成品库存的问题，两者同样关系到企业成本负担以及产品销售价格。

第三，工艺自动化。要满足个性化定制就一定不能是传统模式生产，要在标准化生产的模式下实现个性化定制，这非常考验企业的生产能力。

2. 打造超级BOM

汽车行业如果要进行定制业务，就要打造超级BOM（物料清单）。汽车行业包含4个BOM（见图10-1）。没有超级BOM是无法支持在同种车型上设置几十万种多样化配置的。长安汽车打造超级BOM的做法是：在做产品策划时，就把配置模块完成。长安汽车选择了与一家日资企业合作，其有关超级BOM的管理理念正好符合长安需要。在该企业的帮助下，长安汽车用一年半的时间就完成了一个超级BOM的管理系统的建设，让长安整个核心的企业数据链得到有效管理。

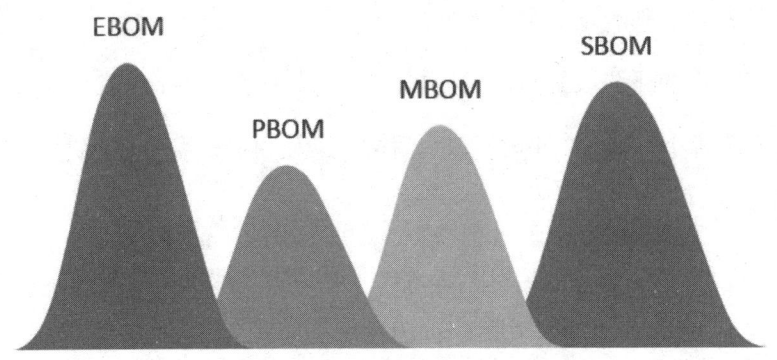

图10-1　汽车行业的4个BOM

3. 搭建以用户为中心的端到端流程架构

该流程架构的实现，需要完成三个方面的搭建：

第一类：价值。用户价值创造流程，是指完成对用户的价值交付所需的业务活动，并向其他流程提出需求。

第二类：使能。是指响应价值类流程的需求，是价值实现的支撑载体。

第三类：支撑。是指企业基础性的流程，其存在的目的是为了让整个企业能够持续高效、低风险的运营。

长安汽车在这三个方面的打造内容如下：价值类：客户关系全流程管理、产品研发流程、从订单到交付的流程；使能类：全流程质量控制、供应商生命周期全流程管理、战略管理流程、投融资管理流程；支撑类：财务管理、人力资源管理、流程与信息化、综合管理。

4. 打造智能化生产模式

个性化定制实现规模化需要依靠智能化生产模式，不能因为是定制产品就延期交付或提高生产成本。为了适合定制化，长安汽车在生产模式上做了以下改变：

第一，把企业所有系统打通，包括商城订单的搜索、DMS 系统、ERP 系统、MES 系统、TMS 系统等。

第二，把冲压线改为自动化模机。在传统生产模式下，进行一次冲压换模需要一个半小时到两个小时，改造后的自动化模机只需要 5 分钟，有效减少了间接库存。

第三，把焊接生产线改为柔性。长安汽车生产线是行业最早实现机器人喷涂的，为了实现个性化采用了柔性焊接线。

对于汽车行业来说，定制业务还处于萌芽阶段。虽然长安汽车已经是先行者，并拥有一定的建设经验，但还是有很多需要努力和完善的地方。相信，随着定制消费行业的发展，长安汽车在定制汽车业务方面也将获得非凡的成就。

二、家电：格兰仕，走在个性定制的前沿

眼下是定制当道的消费时代，对于当下的消费者来说，定制还是一种潮流，更是一种独特的生活和消费方式。而在家电行业，早在 2011 年，就有某些巨头开始开展定制业务，在个性化需求成为更大风口的 2019 年，家电定制依然成为一种大趋势。在家电行业，海尔是定制的巨头，这一点大家都知道，实质上，格兰仕在这一方面也做得非常不错。

1. 打造格兰仕 G+ 生态圈

为了做好定制化业务，格兰仕在传统家电的基础上打造一个由云服务、APP、物联网模块等共同构建的可运营的智能家电支撑系统，以达到加速完成家电定制化、智能化的转型。G+ 平台可为用户提供健全完善的接入与智能解决方案，并针对产品运行、用户习惯进行数据分析，为产品改善提供数据支持。同时，还可通过云服务对用户的操作习惯进行收集，让用户与"家电"进行对话，与朋友分享使用心得，让用户能够参与到产品设计评估的环节当中，实现以用户为核心的定制产品核心观点。

2. 用定制生产模式解决库存问题

2014 年，格兰仕投入 30 亿元做了一个全球最先进、规模最大的微波炉制

造企业,一个制造基地每天就能生产17万台微波炉。对于家电企业来说,库存是最大的问题。格兰仕管理者之一梁昭贤表示:"格兰仕会严格按照订单生产,即保证货源,不生产库存,这里是世界工厂,不是世界仓库,逐步要走向互联网工厂。"也就是说,格兰仕是通过定制化模式来解决库存问题的。2014年,格兰仕专为80后、90后定制的互联网品牌"UU"及其变频空调、风冷冰箱新品,完全根据用户需求定制生产。

3. 用智能生产模式解决定制生产模式

此外,定制家电对制造、研发、物流等后台的快速智能生产有极高要求,格兰仕用模块化智能生产解决了这个问题。格兰仕工厂负责人说:"格兰仕有一个专门组件车间,复杂的零件会被装配成不同模块,模块与模块之间可以快速集成,小家电、大家电都可以按照使用不同模块组成成品,而格兰仕可通过集中采购及研发来降低采购成本,并对资源进行更高效的匹配。"

4. 推出520粉丝节,扩大定制产品知名度

为了让自己的定制业务被更多的人所熟知,2016年,海尔推出了"520全球粉丝节"。5月13日,在格兰仕产业互联网品牌"UU"两周年粉丝见面会上,格兰仕不仅重磅推出了全球首款"热恋"微波炉,面向精英群体的极致节能空调"精英派",还启动了"520我爱西红柿"全球粉丝节,为粉丝提供多种多样的专属福利。为了使自己的定制产品能被更多的用户所熟知,格兰仕在为期一周的粉丝节期间,推出了一系列活动。比如"爱就向前充,99元充抵520元""爱就一生一世,抢1314定情家电"等。

除了福利之外,格兰仕还打造了一站式全媒体"爱的鹊桥",让全球粉丝都和品牌互联网互通。比如在微博平台上,转发#为爱免单#话题,就可能获取抽奖资格,平台每天都将抽取1名烤箱免单名额。

在格兰仕看来，定制化实际上就是制造者和使用者互动的产物，简单地说，一个是有需求，一个是能满足，然后把这种需求与满足通过交互，就形成了个性化的产品。

定制消费

三、服装：MatchU 码尚，新科技带来的新穿衣体验

随着消费升级时代的到来，人们对于"衣食住行"的要求越来越高，特别是服装领域，以用户需求为导向的个性化定制已经成为一种新的发展趋势。MatchU 码尚正是诞生在这股潮流当中，并从中获取了不小的定制红利。MatchU 码尚打造的 AI 定制仓，以独特的线下 AI 服饰定制体验成为众多用户的选择。MatchU 码尚从衬衫品类切入，逐步扩展细分至大衣、羊毛衫等其他品类。截至 2019 年 4 月，业务已覆盖中国 23 个省、4 个直辖市、2 个特别行政区及 5 个自治区。目前，MatchU 码尚复购率突破 30%，售后率低于 3%，且已经实现销售额达百万，月销售 15 万件的目标。就目标的定制服装市场来看，作为一个新品牌，MatchU 码尚的成绩已经非常出色，现在我们就来看看，它到底是如何打造自己的定制服装业务的。

1. 借力 AI 新科技，解决服装业"同质化"问题

定制在服装行业有着非常悠久的历史，量体裁衣一开始就成为裁缝制作衣物的有力工具，而随着工业时代的来临，规模化生产替代了作坊式制衣。在服装工业席卷全球的同时，库存、运营成本，以及千篇一律的风格也成了最大的难题。特别是后者，用户差异化身材需求一直无法满足，除了高定，人们要体现自己的个人特色基本上成本奢侈。针对这个痛点，MatchU 码尚推出了 AI 轻定制服务，以用户需求为出发点，利用 AI 远程量体技术，为用户提供了"与众不同"的量体裁衣体验。

AI 定制仓引进了人体数据采集技术，通过 144 个红外传感器对人体的外围轮廓进行扫描，10 秒可采集精度 0.5 厘米的数据点 3 万个，极大地提高了定制的准确性与舒适性。在使用过程中，用户不但能够快速便捷地了解自己各方面的身材数据，还能通过人机交互，选择自己喜欢的面料、颜色、款式、定制项、装饰等。

2. 通过新模式解决库存问题

前文有述，传统服装业最大的问题之一就是库存问题。MatchU 码尚打造"互联网+人工智能+服装行业"新模式，实现了 C2M 模式反向定制驱动的柔性市场，在最大程度满足用户个性化定制需求的同时，也有效解决了服装行业一直难以解决的库存问题。

MatchU 码尚与用户直接连接，有效连接了碎片化的资源和用户需求，把用户相互割裂却又大量的零散需求进行重新整合，真正达到了按需生产、降低行业库存压力的目的。此外，C2M 模式也为企业和用户之间建立了有效的沟通渠道，让用户的个性化需求能够在服装定制中得到真正的满足。另外，MatchU 码尚对生产流程进行智能改造，可实现多品种、多款式的柔性生产。

3. 借力线下实体企业，为用户带来更多玩法

如果只是单靠线上或者线下是很难让用户获得更好的体验的，所以线上线下融合，才是服装定制的发展方向。

MatchU 码尚与万达传媒达成战略合作，AI 定制仓入驻万达影院。通过万

达影院这样线下人流密集区域的展示与运营，AI 定制仓可快速触达用户，吸引更多的人群参与到轻定制中。

除了万达，MatchU 码尚也同苏宁达成了战略合作，双方将在数据、精准营销、社区推广、全渠道业务布局等方面进行深度合作，以苏宁在 2019 年收购的万达百货、万达小店为线下门店据点，进行玛尚 AI 定制仓的布局，同时将一二线核心商圈作为聚焦点，实行社会化营销，为用户打造全渠道 AI 轻定制服务。

随着 MatchU 码尚在定制服务的发展，未来，MatchU 码尚必定会与更多的巨头企业进行合作，以用户需求为出发点，深度探索服装定制的各方面融合新体验，为用户带来更丰富加多样的穿着体验。

四、家居：宜家，定制你的生活方式

宜家是全球最大的家居和家居用品零售商，于1943年创建于瑞典。为"大多数人创造更加美好的生活日常"是宜家品牌自创立以来一直努力的方向。宜家始终和提高人们的生活质量联系在一起，并秉承"尽可能多地为用户提供他们能够负担、设计精良、功能齐全、价格低廉的家居用品"的经营宗旨。"以用户的需求设计产品"一直是宜家产品设计的理念，因此当定制消费时代来临时，宜家为了充分满足用户个性化的需求，也推出了自己的定制业务，且做得非常成功。作为家居行业中的领先品牌，宜家肯定有着自己的独特优势，这些优势在宜家推出定制业务时，起到很大的作用。

1. 品类综合，低价优势

宜家产品系列种类繁多，可按照功能与风格分类成不同系列。前者如家具、书桌，后者如伊娃系列、帕克思系列。宜家只要在这些品类上挑选合适的产品作为定制主推产品，就能借力原有品类的优势，吸引用户眼光。"民主设计"一直是宜家强调的设计重点，主要体现在五个维度（见图10-2）。从功能需求与价格角度考虑，用高性价比的原材料和制造工艺来设计和生产功能性产品。同时宜家采用扁平包装运输，直接在用户家中组装产品，通过最小化的运输和储存成本来降低价格。这个优势也让定制家具走出了高价困局,让宜家的定制业务迅速甩开了竞争对手。

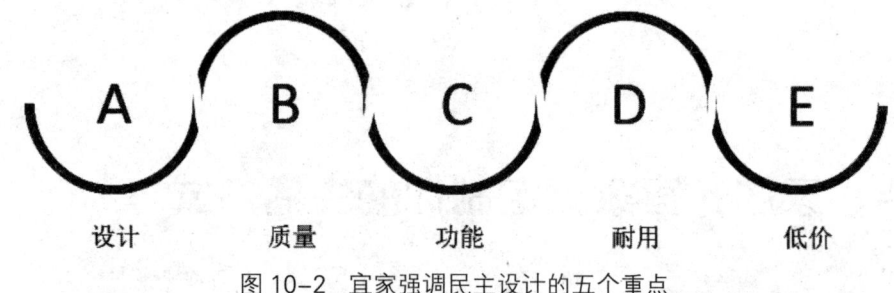

图 10-2　宜家强调民主设计的五个重点

2. 全球认可度高,品牌形象极佳

宜家品牌连续十年在全球最佳品牌中名列前茅,这与宜家物美价廉的品牌形象与致力于塑造环保、公益的社会形象密不可分。此外,宜家产品设计独特且风格迥异,不同风格的产品都有着极高的产品认可度。因为认可度高,品牌形象好,用户对宜家的定制业务几乎没有什么质疑就接受了。

3. 强大的研发实力,保证产品创新度

宜家产品系列覆盖了9500种产品,研发能力强悍,每年都会推出大约2500种新品,更新产品系列。就是因为有如此强悍的研发实力的支撑,宜家可以完美应对定制业务的高设计能力要求,用户喜欢什么样的产品,宜家都可以设计出来。

4. 营销设计完美,能持续刺激用户需求

其主要表现在四个方面:一是宜家推出的体验式营销效果非常好,其样板间能直接刺激用户的购买欲;二是提供餐饮服务,提高商场访问率,延长访问时间;三是以用户为导向设立宜家中心,提升客流量;四是会员营销绑定用户,用户黏性强。通过宜家这些营销手段,其定制产品的相关信息能很快到达用户,并被用户所接受。

5. 全球供应链完善，运营效率高

宜家采用OEM生产模式，有一套完整、高效、低成本的全球供应链系统。宜家掌握核心技术及自主设计与开发新产品，通过全球化采购原材料，加工任务则委托给代工厂。如此宜家的定制产品就无须担心材料以及销售范围覆盖的问题。

6. 强大的物流系统解决配送问题

宜家强大的物流系统主要体现在四个方面：一是宜家的配送中心和中央仓库基本都是设置在海陆空交通枢纽上，能及时为宜家商场提供货物，最大程度降低物流费用；二是在运输管理方面，宜家通过运输过程集装单元化与专业托盘提高物流装卸效率；三是创新配送，降低成本，从1956年开始，宜家就开始采取"平板包装"措施，把产品拆分成零部件后再进行包装，更易于用户购买与运输；四是借力IT，实现仓储智能化。宜家利用电子信息化的管理模式进行仓储物流管理，通过商城实时的销售数据，把库存信息反馈到供应链的各个部门，实现供应链各点信息上的共享，有效提高仓储效率。

除了以上四点，为了优化宜家物流系统，支持定制业务的进一步发展，宜家与苏宁达成了合作。宜家与苏宁在家居物流、供应链等方面达成统一合作目标，宜家利用苏宁的物流系统对自己进行了一次深度赋能。如苏宁为宜家提供了定制化的"宜家家居解决方案"，为其提供"五心服务"——服务用心、物流省心、仓储安心、付费放心、收货舒心，坚持"四大保准服务"——货损包理赔、免费上7楼、送装可一体、逆向上门取。

宜家的定制业务虽然起步较晚，但有原有的强大系统的支持，其定制业务必然不会发展得比其他品牌差，甚至可能把其他品牌远远地甩在后面。

五、鞋业：阿迪达斯，不穿寻常鞋

作为与耐克齐名的世界两大老牌运动品牌之一，阿迪达斯一直都在追求创新。随着定制消费风口的到来，阿迪达斯也抓住了这个风口，推出定制鞋业务，为用户创造一个不一样的穿鞋体验。实质上，作为阿迪达斯竞争对手的耐克、安德玛与新百伦都推出过定制鞋业务，但在当时只做过样板鞋，且受众目标范围极小，只针对企业赞助的明星运动员。与他们不同的是，阿迪达斯推出的是3D打印跑鞋产品，且面向普通大众，目标范围极广。

1. 阿迪达斯的定制跑鞋优势

阿迪达斯之所以要推出定制跑鞋，除了因创新的需要，最为重要的是它相比于传统跑鞋有着极大的优势，能充分解决用户以往在穿鞋时遇到的问题。传统跑鞋在生产过程中，因为需要根据鞋楦开模进行生产，但是鞋楦开模成本极高，因此鞋楦数量都是有限的，一款鞋可能只会根据尺码提供几种不同的鞋楦。最为关键的是，鞋楦是根据人体平均脚形所设计，但每一个人的脚形都不相同，所以即使再好的跑鞋也不可能100%适合每个用户。此外，鞋不合脚，很容易造成脚损伤。有些品牌鞋为了解决这个问题，推出了定制鞋垫，但这只是"治标不治本"，定制鞋垫只能解决受力的问题，无法改变鞋不合脚的问题。

正是因为传统跑鞋无法解决这个问题，阿迪达斯才推出定制跑鞋来解决这个问题。定制跑鞋在以往可能无法大规模生产，但是随着新科技的出现，在提高生产效率的同时，也大大降低了定制成本，使得定制跑鞋也能面向普通大众，走向规模化。

2. 高科技解决定制跑鞋大规模生产问题

阿迪达斯并不是高科技企业，所以并不擅长一些新科技、新技术，为此，阿迪达斯选择与位于硅谷的明星科技创业公司 Carbon 3D 合作。该公司拥有核心技术数字光学合成技术、液态成型技术，这两项技术帮助阿迪达斯生产了划时代产品 Futurecraft 4D 跑鞋。

那么，阿迪达斯的定制跑鞋又是如何通过 3D 技术实现的呢？根据 Carbon 公司官方介绍："鞋底生产过程是运用 CLIP 技术从液态材料中精准'拉'出一个三维结构，然后通过特定关系进行照射，在使其变坚固的同时还具有良好的形变能力，充分保证了跑鞋鞋底所需要的弹性与缓冲减震功能，与传统的层层堆积按照顺序把材料塑造成所需形状的 3D 打印方式完全不同。"

此外，为了能把定制跑鞋做得更加完美，充分保证跑鞋的缓冲避震、稳定支撑、弹性回馈等性能，两家企业联手测试了超过 150 种配方，开发了一种专门为定制跑鞋服务的具备出色能量回馈的高性能材料，即使在极端环境下也不会影响原有性能。

3. 建设智能工厂，为定制跑鞋规模化生产做准备

2018 年 4 月 27 日，阿迪达斯位于美国亚特兰大的速度工厂正式投入运营，阿迪达斯 CEO 卡斯帕·罗斯特（Kasper Rorsted）表示："这座完全自动化的机器人工厂，就是为了生产个人定制鞋款以及限量版运动鞋而设立的。"

与市面上的定制服务只关注鞋子的风格方案不同，阿迪达斯的定制鞋概

念，涉及内在性能需求等技术性方面的操作，因此对生产流程有着极高要求。阿迪达斯全球运营执行委员会成员 Gil Steyaert 表示："在完全自动化的流程中生产用户定制的鞋子，我们的目标是完全定制，但不会影响生产速度，所以这座工厂就是为了实现这个目的而产生的。"

阿迪达斯已经利用现有的速度工厂技术，生产出面对特定市场的城市定制鞋款。2017年10月，位于德国安斯巴赫的第一座速度工厂建成后，阿迪达斯就宣布针对全球六大重点城市需求，通过速度工厂设计和生产 AM4 系列限量版定制跑鞋。这些鞋子可解决各个地区跑者面临的不同挑战，比如伦敦更需要能适应雨天的跑鞋，纽约则需要中间或者前脚掌缓冲更好的跑鞋。

阿迪达斯已经为定制跑鞋的规模化生产做好充分的准备，相信不久后，以往只为顶级运动员生产的定制跑鞋，普通大众也能拥有，阿迪达斯能让所有人享受到顶级运动员的待遇。

六、白酒：茅台，喝一杯属于你自己的酒

随着高端白酒进入深度调整，高端白酒品牌定制酒已然成为市场追逐的热点，即使是像茅台这个白酒行业的顶级品牌，也推出了定制酒业务来抢夺市场。茅台把定制过程分解成了"标准定制"与"个性定制"两个品类，定制产品包含茅台年份酒、飞天茅台、五星茅台、小批量勾兑、特许酒等茅台各款系列酒。以 500 毫升的飞天茅台为例，名人标准定制门槛为 120 件，价格为 1049 元一瓶，普通用户标准定制为 100 件，价格为 1029 元一瓶，而个性化定制茅台酒起价为 999 元一瓶，起订量为 12000 瓶，定制酒包装费用另计。

1. 根据用户需求推出定制酒

为什么茅台在原有业绩还在持续增长，并远远领先于其他企业的情况下，还推出定制酒业务呢？这是市场所决定的，用户需求所决定的。定制酒是指酒水企业根据用户的特定需求，从品质和形象设计为出发点为用户量身打造具有浓郁个人专属风格的酒水，是一种"一对一"式的高品质服务产品。在如今消费水平升级的情况下，即使是酒水，也有不少用户希望能拥有自己的风格特色。除了市场原因，茅台推出定制酒的原因还包含以下几个方面：

第一，茅台针对定制酒市场进行系统化运作，能让茅台从公务性消费市

场中脱离出来,快速进入商务和个人消费市场,起到了优化消费结构的作用。

第二,茅台成立了定制酒公司,这是一种新的营销模式。借助本身的品牌影响力与产品竞争力,这种模式能够迅速吸引具备一定白酒需求量的大众消费群体,补充团购遇冷所形成的消费缺口,化解酒业严冬下带来的市场压力。

第三,虽然定制酒市场只有百亿,但是如果市场需求点挖掘正确,其市场绝对不止如此。之前大多数酒企推出的定制酒风格都是"重收藏而轻定制"。而茅台则抓住了白酒用户的消费需求多元化的趋势,通过各种营销手段刺激消费需求,获得了更多、更大的市场份额。

2. 要抓住定制酒的特性做定制酒

在茅台看来,不管酒企做定制酒是侧重包装还是酒质,在做定制酒时都需要使其具备以下几个方面的特性:

第一,稀缺性。定制酒是满足用户的需求而出现的,所以在保证酿酒资源和酿酒工艺的高品质之外,还要保证每一瓶定制酒都是独一无二的、无法复制的珍品,而不是打个包装,写上"专属×××的定制酒"就好了。

第二,极致性。在定制酒的生产流程方面,企业要不惜一切代价做到极致,工艺更要不厌繁复与精细。

第三,综合性。用户消费定制酒就不仅仅是在消费一种酒产品,也是在品味一门艺术,学习一种文化,享受一种服务。所以,定制酒要能够让用户体现无法复制的身份,且成为一种独特的文化符号,能彰显出用户个人品味。

第四,艺术性。定制酒在物质与非物质方面呈现了传承几千年的中国传统酿酒技艺的艺术美感,所以在设计定制酒时一定要把这一点体现出来,特别是外观设计,除了充分满足用户需求外,还要符合定制酒的艺术性定位。

第五,增值性。定制酒从诞生之日起,它就不仅仅是作为一种消费品的身份而存在，它还具备了收藏品的价值，且随着定制酒洞藏年份的增加，其酒的价值也就越高。所以在设计定制酒时，也要充分考虑到它的收藏性。

如今中国酒业竞争不仅白热化还非常同质化，传统思维不断遭遇新思维冲击，以用户至上、用户思维为导向的定制酒才是各大酒企突破市场脱颖而出的新出路。茅台显然也就早早看到了这一点，所以才会加大定制酒市场的布局。其他酒企也需加快脚步，在定制酒市场分一杯羹。